명언 속
숨은 복음 찾기

배기환 신부 지음

헤르몬
HERMONHOUSE

추 천 사

복음의 메아리가 되어 주시기를!

나는 신부이지만 개신교의 기독교 방송에서 목사님들의 설교를 자주 듣곤 합니다. 어느 한 목사님의 설교는 몇 년째 빠지지 않고 듣고 있습니다. 그만큼 말씀이 좋기 때문입니다. 그리고 우리 평화 방송의 '매일미사'에서 하는 신부님들의 강론도 열심히 듣습니다. 신부님들의 강론을 들으면서 기쁨과 감동을 받지만, 한편 아쉬움도 많이 느낍니다. 그때마다 신학교에서 신학생들에게 강론에 대한 교육과 실습을 더 많이 해 주셨으면 하는 바람입니다.

신부님들의 사목 활동은 하느님 말씀의 전달과 그리스도를 닮으려는 태도와 실천입니다. 다시 말하면, 모든 사제는 복음 전파와 자신이 먼저 복음대로 살아가려는 복음화를 이루고 있습니다. 특별히 사제들은 말씀의 중요성을 깨닫고 말씀의 전달자로서의 사명을 다해야 하는 임무가 있습니다.

배기환(프란치스코) 신부님께서 <명언 속 숨은 복음 찾기>라는 책을 발간하신다니 반갑고 또 축하드립니다. 세상에 알려진 '명언'들은, 훌륭한 사람들의 진리와 사랑의 체험을 엮은 스승의 가르침으로 널리 읽히고 마음의 양식으로 사람들은 간직합니다. 그런데 배

신부님께서는 이러한 명언들을 단순히 저명인사들의 생각과 말로 전달하는 데 그치지 않고, 그분들의 말속에 예수님께서 어떻게 함께 하시고 예수님의 복음 말씀과 그 명언들이 어떻게 조화를 이루는지를 알려주는 '명언의 복음화'를 시도한 것에 경이로움과 찬사를 보내고 싶습니다.

배 신부님과 저는 한때 한 본당에서 사목을 같이 했습니다. 배 신부님은 호탕한 성격과 개방적인 태도에서 가끔 저를 놀라게도 했지만, 정성 들여 바치는 미사 봉헌과 강론 말씀은 매우 감동적이고 모든 교우가 좋아했습니다. 이렇게 신부님의 말씀이 좋아서 언젠가는 신부님이 책을 쓰실 거라 기대해 왔는데, 드디어 책을 내신다기에 미력하나마 제가 기쁘게 추천사를 쓰고 여러분에게 이 책을 권해 드립니다.

이 책의 발간을 통해 복음화의 풍성한 열매가 맺어지기를 바랍니다. 그래서 이 책을 읽는 이들이, '명언'이 곧 주님으로부터 온 것임을 깨닫고 기쁜 소식 안에서 행복하고 활기 있는 그리스도인이 되시길 함께 기원합니다.

나원균(바오로) 몬시뇰

Rev. Paul Ra

목 차

🔍 삶 (인생)
_____

🔍 시간

1

"인간에게 주어진 삶은 인간의 이해를 초월해 있으며, 우리에게 주어진 가장 큰 임무는 하루하루 살아가는 것이다."

— 존 케이지 John Cage

'삶'이라는 단어는, '살다'라는 동사에 파생 접미사 'ㅁ'이 붙여져서 이루어진 명사입니다. 즉 삶이란? 살아 있는 상태를 뜻합니다. 인간이라면 누구에게나 살아 있는 상태를 느끼게 해 주는 것이 있습니다. 그것은 바로, '숨'입니다. '숨'에는 '들숨(=공기가 폐로 들어오는 것)'과 '날숨(=공기가 폐에서 나가는 것)'이 있습니다. 들숨이 있어야 날숨이 있고, 날숨이 있어야 들숨이 있는데… 이 두 가지의 숨이 조화롭게 이어질 때 우리는 살아 있게 되고 비로소 살아 있는 상태를 느낄 수가 있습니다.

하느님께서 신앙인에게 불어 넣어 주시는 '영靈'이 '공기'라면… 내 안으로 '영'을 받아들이는 것이 '들숨'이요, 내 밖으로 '영'을 발산하는 것이 '날숨'일 것입니다. 이것이 바로, 신앙인이 살아 있는 상태라고 볼 수 있습니다. 다시 말하면, 참신앙인은 하느님의 영을 지닌 사

람이어야 하고(=들숨) 동시에 하느님의 영을 드러내는 사람이어야 한다는(=날숨) 것입니다.

　우리가 신앙인이라고 자부하고는 있지만 하느님의 영에 따르는 삶을 추구하지 못한다면, 이는 신앙인으로서 결코 살아 있는 상태라고 볼 수 없습니다. 하느님의 영을 받아들이지도 발산하지도 못하는 하느님의 영을 배제한 삶이란, 신앙인에게는 살아 있음을 느끼지 못하게 만드는 아무런 기쁨도 즐거움도 행복도 보람도 없는 그러한 삶인 것입니다. 마치 죽어 있는 것처럼 말입니다. 신앙생활에서 특별한 의미를 찾지 못하고 그 시간을 무미건조無味乾燥하게 보내는 것은, 내가 하느님의 영에 따르는 삶을 추구하지 못하는 이유 때문은 아닐까요? (교회의 가르침을 배우는 시간을 통하여) 하느님의 영을 느끼고 받아들이며, (교회의 가르침을 실천하는 시간을 통하여) 하느님의 영을 느끼고 발산하는 '살아 있는 참신앙인'이 되기를 소망합니다. **"당신의 거룩한 영을 제게서 거두지 마소서."** [시편 51,13]

2

"바르게 사는 것, 아름답게 사는 것, 정의롭게 사는 것, 이것은 모두
하나다."

— 소크라테스 Socrates

'바르다'라는 것은? (마음씨 혹은 말이나 행동 따위가) 규범에 어
긋나지 아니하고 정확하게 들어맞는 모습을 뜻합니다. '아름답다'라
는 것은? (마음씨 혹은 말이나 행동 따위가) 볼품이 없거나 평범하지
않은 훌륭한 모습을 뜻합니다. '정의롭다'라는 것은? (마음씨 혹은 말
이나 행동 따위가) 도리에 벗어남이 없는 올곧은 모습을 뜻합니다.

'바르다', '아름답다', '정의롭다' 이 세 가지의 유형을 내가 살아가
는 삶의 방식에 접목시키면, 이 유형들이 서로 아주 깊은 연관이 있
다는 것을 깨닫게 됩니다. 바르게 사는 사람은 아름답습니다. 바르
게 사는 사람은 정의롭습니다. 아름답게 사는 사람은 바릅니다. 아
름답게 사는 사람은 정의롭습니다. 정의롭게 사는 사람은 바릅니다.
정의롭게 사는 사람은 아름답습니다. 이처럼 바르게 사는 것, 아름답
게 사는 것, 정의롭게 사는 것은 어쩌면 하나의 모습처럼 비칩니다.

우리가 이 세 가지의 유형 가운데 하나라도 제대로 실천할 수 있다면, 우리는 한 가지의 유형을 실천하지만 세 가지의 유형을 모두 갖춘 신앙인信仰人이 될 수 있다는 뜻입니다. 마치 삼위일체三位一體의 신비神祕처럼…. 우리가 성부聖夫께 기도를 바칠 때, 성부뿐만 아니라 성자聖子와 성령聖靈께서도 함께 우리를 축복祝福해 주시는 이치와도 일맥상통一脈相通한 것입니다. 평소 나는 신앙인으로서 어떠한 마음씨를 지니고 있고, 어떠한 말을 하고 있으며, 어떠한 행동을 드러내고 있는지 자세히 점검해 보아야 하겠습니다. 나는 과연 바른 신앙인입니까? 아름다운 신앙인입니까? 정의로운 신앙인입니까? 성부와 성자와 성령께서 하나로 일치를 이루고 계시는 것처럼, 나 역시도 신앙인으로서 갖추어야 할 덕목을 통하여 교회 공동체와 일치되는 신앙을 살아갈 수 있도록 노력해야 하겠습니다.

3

"인생은 한 권의 좋은 책과 같다. 깊이 파고들수록 이야기의 틀이 점점 더 잘 잡히고 수긍이 가기 시작한다."

— (랍비) 해럴드 쿠시너 (Rabbi) Harold Kushner

인생이 한 권의 좋은 책이라면, 이 책은 한 사람을 위한 연극의 중요한 '각본'이라고 저는 생각합니다. 우리 각자는, 연극에서 '주인 공'이 되는 것입니다. 각자 삶의 자리는, 연극이 열리는 '무대'가 됩니다. 삶의 자리에서 내가 만나고 어울리는 사람들은 모두가, 나를 돋보이게 만드는 '엑스트라Extra'가 됩니다. 또한 이 각본을 작성한 '작가'가 분명히 존재한다는 것입니다. 그렇다면 과연 누가 작성한 것일까요? 연극의 각본을 작성한 작가는, 하느님입니다. 하느님은 인생사 전부를 주관하고 계시는 분이기 때문입니다.

여기서 간과해서는 안 될 사항이 있습니다. 연극이라는 공연을 성황리에 끝마치려면, 작가의 의도가 잘 반영되어야 한다는 점입니다. 작가의 의도가 잘 반영되려면, 무대 위에 오르는 배우들의 연기가 대단히 중요하다고 볼 수 있습니다. 배우들 가운데 특히나 주인

공이라면… 주인공은 비중이 크기 때문에 연기를 잘 소화해 낼 필요가 있습니다. 주인공의 연기가 연극이라는 공연의 성과를 좌지우지左之右之하기 때문입니다. 그렇다면, 연기를 잘 소화해 낼 수 있는 방법은 무엇일까요? 작가가 작성한 각본을 유심히 살펴보고 이해하는 과정이 반드시 수반되어야 합니다. 이 각본을 깊이 파고들수록 이야기의 틀이 점점 더 잘 잡히고 수긍이 가기 시작합니다. 왜냐하면 각본이란 작가의 의도가 그대로 담긴, 내가 살아가야 할 삶의 모습이기 때문에 그렇습니다.

　　이 세상에서 인생이라는 연극의 무대가 이미 막이 올랐고, 나는 주인공으로서 현재 신앙인이라는 역할을 맡아 연기를 선보이고 있습니다. 일단 연극이 시작되면, 중도에 막을 급하게 내리지는 않습니다. 각본대로 정해진 시간 동안 연극이 진행되기 때문입니다. 각본은 하느님의 의도가 그대로 담긴 성경聖經 말씀입니다. 하루하루 내가 연기해야 할 그 내용이 성경에 상세히 기록되어 있는 것입니다. 무대 위 기쁨과 슬픔이 반복되는 버라이어티Variety한 상황속에서 우리가 해야 할 역할을 그 연기를 잘 소화해 낼 수 있을 때, 이 연극은 반드시 해피-엔딩Happy-ending으로 막이 내려질 것입니다. 하느님은 행복의 원천이시기 때문입니다. '연기 대상'이라는 훗날 내가 받을 보상을 고대하고 기다리며, 오늘도 혼신과 열정을 다해 멋지게 연기를 펼치는 여러분이 되길 바랍니다.

——— 4

"내 인생관은 너무나 간단하다. 그것은 눈을 똑바로 뜨고 거기에 임하는 것이다."

— 로렌스 올리비에 Laurence Olivier

로렌스 올리비에의 이 명언에는 '눈'이라는 핵심적인 단어가 등장합니다. 저는 '눈'을, '마음'과의 연관성을 통하여 신앙적으로 분석해 보고자 합니다. 윗사람과 아랫사람이 다투는 상황에서, 윗사람이 아랫사람의 눈에 집중할 때가 있습니다. 그러고는 한 마디 일침을 가합니다. "감히 어디서! 눈을 똑바로 뜨고 대들어?" 윗사람이 아랫사람에게 쏟아 내는 말은 상대적으로 많을 것입니다. 아마도 다 쏟아 낼 때까지 말할지도 모릅니다. 그러다 보면, 아랫사람은 자신이 윗사람에게 하고 싶었던 말을 다 쏟아 내지 못하기도 합니다. 마음에 쌓인 분노를 표출할 통로가 필요한데 입이 닫혀 있으니, 그래서 그 통로가 입에서 눈으로 옮겨 가게 됩니다. 비로소 아랫사람의 눈에서 마음에 쌓인 분노가 표출됩니다. 이는 비단, 분노라는 감정만이 아닐 것입니다. 어떠한 감정이든 일단 마음에 쌓이게 되면, 눈을 통하여 얼마든지 드러날 수 있다는 것입니다.

　　예로부터 오랜 시간 동안 심지어 현재까지도, 시인들 사이에서 시적 비유물로 사용되는 어구가 있습니다. '눈이란, 마음의 창이다!' 우리가 누군가의 마음을 직접적으로 들여다볼 수 없다 하여도, 그의 눈을 자세히 바라보면 마음의 상태를 간접적으로 헤아릴 수 있다는 뜻입니다. 다시 말하면, 사람에게 있어서 그 마음의 상태가 눈에서 표출되고 있는 것입니다. 눈과 마음의 관계는, 성경에서 보다 구체적으로 드러납니다. 탈출기에는, '눈에 든다'라는 표현이 많이 나옵니다. 예를 들어, 하느님께서는 모세에게 이러한 말씀을 하십니다. "네가 내 눈에 든다." [탈출 33,17] 이는 "네가 내 마음에 든다."라는 뜻이라고 볼 수 있습니다. 여기서 '눈'이라는 단어는 '마음'이라는 단어와 같은 의미로 쓰였기 때문입니다.

　　각종 바이러스Virus로 인하여 호흡기를 보호해야 하는 시대가 찾아왔습니다. 그래서 마스크Mask로 코와 입을 가리다 보니, 이제는 눈으로 호흡하는 시대가 도래한 것입니다. 마스크를 쓴 사람들은 서로를 마주하고서 서로의 눈을 바라보며 호흡합니다. 서로의 '눈'을 통하여 서로의 '마음'을 확인하며 호흡합니다. 오늘도 변함없이 우리는 각자 눈빛과 시선을 통하여 누군가에게 자신의 마음을 드러낼 것입니다. 우리는 자신의 마음을 잘 다스리는 연습을 부단하게 이어가야 하는 신앙인이라는 점을 잊지 말아야 하겠습니다. 오늘도 내

'마음'을 잘 다스려서 맑고 깨끗한 '눈'으로 누군가를 마주하고 또 대할 수 있는 우리가 되기를 희망합니다.

5

"살아야 할 유일한 이유를 마침내 깨닫고 보니 그것은 바로 살아 있음을 즐기는 것이었다."

— 리타 메이 브라운 Rita Mae Brown

　　지금 저는 살아 있고, 이 글을 읽고 있는 여러분도 살아 있습니다. '살아 있음'이란, 어쩌면 너무나도 당연시 여겨지는 일인지도 모릅니다. 우리는 그동안 계속 살아왔고 지금도 살아 있기 때문입니다. 그래서 살아 있음을 제대로 느끼지 못할지도 모릅니다. 저는 가끔 잠이 들기 전, 사색에 잠길 때가 있습니다. '인간이 스스로 살아 있음을 느낄 수 있도록, 하느님께서 수면睡眠을 만드신 것은 아닐까….'

　　(마치 빛과 어둠의 관계처럼) 빛만 존재한다면 빛이 빛이라는 걸 인식하지 못하지만, 어둠이 있기에 빛을 깨닫는 것처럼 말입니다. 마찬가지로… 수면 중에는 우리가 살아 있음을 인식하지 못하지만, 잠을 자는 시간이 있기에 깨어 있는 시간에는 우리가 살아 있음을 깨달을 수 있습니다. 그래서 저는 "'살아 있음'이란, '깨어 있음'이다!"라고

정의하고 싶습니다. 마르코 복음서에서, 예수님께서는 이러한 가르침을 주십니다. "이 말은 모든 사람에게 하는 말이다. 깨어 있어라."
[마르 13,37]

　어제도 우리는 살아 있었고, 오늘도 우리는 살아 있으며, 내일도 우리는 살아 있을 것입니다. 우리가 신앙인이라면, '살아 있음'의 미학을 다음과 같이 적용할 수 있어야 합니다. '어제도 우리는 깨어 있어야 했고, 오늘도 우리는 깨어 있어야 하며, 내일도 우리는 깨어 있어야 할 것이다.'라고 말입니다. 그래서 예수님께서는 공생활 시절에 우리가 확실히 깨어 있을 수 있도록 수많은 가르침을 주신 것입니다. '깨어 있음'이 바로, '신앙생활'의 척도가 됩니다. 내 육신이 살아 있는 시간 동안 내가 얼마큼 깨어 있는지의 그 여부가, 내 영혼의 구원을 결정짓는 유일한 기준이 된다는 것을 꼭 명심해야 하겠습니다.

6

"좋은 친구, 좋은 책, 그리고 평온한 마음. 이것이 이상적인 삶이다."
— 마크 트웨인 Mark Twain

마크 트웨인의 이 명언을 두고서, 저는 다음과 같이 풀이하고 싶습니다. "평온한 마음으로 읽는 좋은 책은 내게 좋은 친구가 되어 준다. 이것이 이상적인 삶이다." ('OECD'와 'World Culture Score Index: 세계 문화 지수'에서 조사한 통계에 따르면) (A) 세계에서 인구 대비 책을 가장 많이 읽는 나라는? '스웨덴'입니다. 국민의 85.7%가 책을 읽는다고 합니다. 이는 10명 중 8명 이상이 책을 읽는 상황이라고 볼 수 있습니다. (B) 세계에서 책을 읽을 때 가장 긴 시간을 할애하는 나라는? '인도'입니다. 일주일 동안 독서에 할애하는 평균 시간이 10시간 40분이라고 합니다. 이는 하루 평균 1시간 30분 정도 책을 읽는 상황이라고 볼 수 있습니다. 우리나라 대한민국은 어떨까요? 국민의 74.4%가 책을 읽으며, 일주일 동안 독서에 할애하는 평균 시간이 3시간이었습니다. 제 개인적인 생각으로는… 우리나라가 독서율이 높은 이유는 입시 및 입사 제도에 따른 결과물이고, 독서

평균 시간이 낮은 이유는 IT 산업이 발달함에 따라 오프라인Offline보다는 온라인Online으로 정보를 습득하기 때문인 것 같습니다.

　이유 여하를 막론하고, 책이란 인간의 삶에 없어서는 안 될 생필품입니다. 책에는 삶의 '진리'가 담겨 있습니다. 저자가 깨달은 삶의 진리가 고스란히 글로 표현되고 있는 것입니다. 다산 정약용이 유배지에서 아들에게 보낸 편지를 보면, 아들을 향한 아버지의 애틋한 마음이 느껴집니다. "너희가 참말로 독서를 하고자 않는다면, 내 저서는 쓸모없는 것이 되고 말 것이다. 내 저서가 쓸모없다면 나는 할 일이 없는 사람이 되고 만다." 정약용에게 있어서 할 일이란? 진리를 전하는 것이었기에, 진리가 담긴 저서(=책)라면 무엇이든 읽는 습관을 들이라는 교훈이라고 볼 수 있습니다.

　신앙인에게 있어서 가장 소중하고 귀한 책은, 바로 '성경'입니다. 계시啓示헌장 11항을 보면, 성경을 기록한 것은 사람들이지만 그 사람들을 도구로 쓰신 하느님만이 성경의 유일한 저자라고 설파합니다. 당신의 진리가 온전하게 담겨 있는 이 책을 두고서, 아버지 하느님께서는 자녀인 우리에게 당부하십니다. "너희가 참말로 성경을 읽고자 않는다면, 내 저서는 쓸모없는 것이 되고 말 것이다. 내 저서가 쓸모없다면 나는 할 일이 없는 신神이 되고 만다." 하느님에게 있어

서 할 일이란? 진리를 전해 주시는 것, 그래서 그 진리로 인류를 구원하시려는 것이기에 우리에게 성경은 특별한 저서(=책)임이 분명합니다. 우리가 훗날 진정으로 구원받기를 원한다면, 구원받을 수 있는 진리가 담긴 성경을 평소 가까이하고 열심히 읽어 보는 건 지극히 당연한 처신인 것입니다. 하느님께서 할 일이 없는 신이 아닌 할 일을 하는 신으로 우리 곁에 함께 하여 주시기를….

7

"마음속에 흔들림 없는 원칙을 새겨 두고 가야 할 길을 지도에 분명하게 긋는 사람, 흐트러짐 없는 용기와 절제력을 가진 사람에게 인생은 전혀 복잡하지 않다. 복잡하다는 것은 스스로 지어낸 것들이다."

— B. C. 포브스 B. C. Forbes

여러분, 단순하게 살고 싶습니까? 복잡하게 살고 싶습니까? 복잡하게 사는 것보다는 단순하게 사는 것이 더 나아 보입니다. 예를 들어 봅시다. (우리 앞에 매듭이 놓여 있고 이 매듭을 풀어야 하는 상황이라면) 복잡하게 묶인 매듭을 푸는 것보다는 단순하게 묶인 매듭을 푸는 것이 더 나아 보입니다. 그런데 우리는 신중하게 점검해 보아야 합니다. 처음에는 단순하게 묶인 매듭이었지만, 나 스스로가 매듭을 풀지는 못할망정 오히려 더 복잡하게 묶어 버리고 있는 것은 아닌지 말입니다.

미국의 온라인 커머스Commerce 회사인 아마존Amazon에서 한때 베스트셀러Bestseller였던 〈인생을 단순하게 사는 법〉(관청 著)이라는 책이 있습니다. 이 책의 겉표지를 보면, 다음과 같은 문구가 나옵니다. '더 단순해지기를, 스스로에 대한 잣대를 조금 낮추고, 갖고

싶은 것들을 잠시 내려놓고, 삶의 기준을 조금 낮춰 보기를…. 그렇게 할 때, 수많은 어려움과 장애물이 앞을 가로막아도 자신을 아끼고 받아 줄 수 있는 단순한 삶이 시작된다. 길지 않은 인생, 단순하게 살 때 인생의 무게가 가벼워진다.'

어쩌면 우리가 스스로에 대한 잣대를 너무 높이고, 갖고 싶은 것들을 한시도 내려놓지 못하고, 삶의 기준을 너무 높인 것은 아닌지 성찰해 봅니다. 다니엘서에는 다음과 같은 구절이 나옵니다. "그분께서는 원하는 이에게 그 나라를 주시고 가장 낮은 사람을 그 나라 위에 세우신다." [다니 4,14] 우리는 모두가 하느님 나라 즉 천국天國을 원하고 있습니다. 하느님께서는 원하는 이에게 천국을 주시겠지만, 조건이 있습니다. '낮은 사람'이 되어야 한다는 것입니다. 여기서 낮은 사람이란, (복잡하게 살 확률이) 낮은 사람을 가리키는 의미라고 생각합니다. 자신이 지닌 인생의 잣대와 욕망과 기준을 낮추었기 때문에 복잡하게 살 확률이 낮은, 그래서 단순하게 살아가는 사람 말입니다. 내 생이 다하는 날, 이 지상 것은 결국 모두 무용지물無用之物인 것을…. 우리 모두가 더는 지상 것에 미련을 두지 않으며, 오로지 천상만을 즉 천국만을 바라보는 가운데 지금보다는 더 단순한 삶을 살아가는 신앙인이 될 수 있기를 소망합니다. 인생이란 결코 길지 않기 때문입니다.

"우리에게 날수를 제대로 헤아릴 줄 알게 하시고 우리의 마음이 지혜에 이르게 하소서."

— 시편 the Psalm

    약속은, 그 약속을 이행하는 날짜가 정해져 있습니다. 시험은, 그 시험을 치르는 날짜가 정해져 있습니다. 행사는, 그 행사를 추진하는 날짜가 정해져 있습니다. 약속이든 시험이든 행사든 날짜가 정해져 있어서, 우리는 얼마큼의 시간이 남아 있는지 날수를 헤아리며 그날을 준비하고 또 기다립니다. 마찬가지로, 인간의 삶에도 유통 기한流通 期限이 있다면 어떨까요? 언제까지 살 수 있는지 살날이 얼마큼 남았는지 날수를 헤아릴 수 있기 때문에, 우리는 다급해지거나 혹은 여유로운 가운데 그날을 준비하고 또 기다릴 것입니다.

    우리는, 그동안 자신이 살아온 날수를 헤아릴 수는 있지만 앞으로 자신이 살아갈 날수를 헤아릴 수는 없습니다. 불변의 진리가 있습니다. 하느님께서 우리에게 허락하신 날수는 이미 정해져 있다는 것입니다. 다시 말하면, '조물주造物主이신 하느님'께서 '피조물被造物

인 인간'의 날수를 미리 정해 놓으시고 창조하셨다는 뜻입니다. 이는 집회서에 분명하게 명시되어 있습니다. **"사람의 삶은 이미 날수가 정해져 있다."** [집회 37,25] 우리가 앞으로 자신이 살아갈 날수를 헤아릴 수 없다면, 우리에게 주어진 과제는 명확해집니다. 그동안 자신이 살아온 날수를 계속해서 헤아리며, 지혜롭게 살아왔는지를 점검해 보아야 한다는 점입니다.

여러분 앞에 솔직하게 고백하자면, 저는 그동안 스스로 살아온 날수를 헤아리는 일에 소홀히 했습니다. 문득 가끔은 '벌써 세월이 이렇게 흘렀나…' 한탄만 했을 뿐, 자신이 어떻게 살아왔는지를 점검해 보는 과정이 생략되었던 것입니다. 내가 인생을 지혜롭게 살아왔는지 내가 인생을 의미 있게 살아왔는지를 말입니다. 인생이란? 앞으로 살아갈 날수를 헤아릴 수는 없지만, (그동안 살아온 날수를 헤아려 보며) 지금부터 내가 어떻게 살아가야 하는지를 계획하는 시간의 연속이라는 것을 다시금 명심해야 하겠습니다.

────── 9

"스스로 서는 것만이 진정한 자유로 가는 길이며, 진정한 나를 찾는 것이 그 궁극적인 보상이다."

— 파트리시아 샘슨 Patricia Sampson

스스로 서 있는 것을 '자립自立'이라고 합니다. 여기서 우리는 '립立' 자에 주목할 필요가 있습니다. 한자의 형태를 자세히 살펴보면, 한 사람이 두 팔과 두 다리를 벌린 채로 '땅' 위에 서 있는 모습입니다. 하늘에는 서 있을 수 없습니다. 하느님께서 전 인류에게 허락하신 삶의 공간이 땅으로 국한되어 있기 때문입니다. 그런데 하느님께서는 전 인류 가운데 신앙을 가진 이들에게만큼은 새로운 삶의 공간을 허락하십니다. 그곳은 바로 '하늘'입니다. 이는 훗날 하늘에 서 있을 수 있다는 의미이기도 합니다. 하느님의 아드님이신 예수님께서는 공생활 시절에, 그곳을 가리켜 이렇게 부르시곤 했습니다. '하늘 나라(=하느님 나라, 천국)'라고 말입니다.

그러한 의미에서, 우리 신앙인은 지금은 '땅'에 서 있지만 '하늘'에 서 있을 그날을 고대하며 기다립니다. 그래서 신앙인이라면 '땅'

과 '하늘'을 연관 지어 묵상해 볼 필요가 있습니다. 이러한 묵상에 토대가 되는 예수님의 가르침이 마태오 복음서에 나옵니다. "너희가 무엇이든지 땅에서 '매면' 하늘에서도 '매일 것'이고, 너희가 무엇이든지 땅에서 '풀면' 하늘에서도 '풀릴 것'이다." [마태 18,18]

이 말씀인즉슨, 우리가 땅에서 어떻게 지냈는지에 따라서 하늘에서도 그 모습 그대로 지내게 될 것이라는 가르침인 것입니다. 우리가 땅에서 악의 굴레를 벗어나지 못하고 '(얽)매어' 주저앉아 있으면, 하늘에서도 그 문제에 '(얽)매어서' 천국에 입성하지 못하고 주저앉게 된다는 뜻입니다. 반대로, 우리가 땅에서 악의 굴레로부터 '풀려나' 당당하게 서 있으면, 하늘에서도 그 문제에 '풀려서' 천국에 입성하여 당당하게 서 있게 된다는 뜻입니다. 우리가 악의 굴레에 (얽)매이지 않고 이로부터 풀려나기 위한 유일한 방법은? 언제 어디서나 복음이라는 정의 안에서 흔들리지 않고 자립하는, 즉 스스로 당당하게 서 있는 모습이라는 점을 다시금 되새겨 보아야 하겠습니다. 우리는 땅에서 살아가지만 하늘로 초대를 받은 선택된 신앙인이기 때문입니다.

10

"누군가가 내 삶을 보다 윤택하고, 보다 알차게, 혹은 보다 만족스럽게 해 주기를 기다리거나 기대하다 보면, 나 자신은 줄곧 손발이 묶여 있는 꼴이 되고 만다."

— 캐슬린 티어니 앤드러스 Kathleen Tierney Andrus

우리에게는 각자 주어진 삶이 있습니다. 이 삶에는 조건이 따릅니다. 내게 주어진 삶이란, 나 스스로가 직접 계획하고 추진해 나가는 부단한 노력이 요구된다는 점입니다. 누구도 내 삶을 대신 살아 줄 수는 없는 법이기 때문입니다. 다시 말하면, 사람이라면 누구나 고유한 자기 삶이 있기 때문입니다.

여러분은 드라마 혹은 영화 등 대중 매체나 삶의 경험을 통하여, 피해자가 손과 발이 묶여 있는 장면을 보신 적이 있을 겁니다. 손과 발이 묶여 있다는 것은 피해자가 이러지도 저러지도 못하는… 가해자에게 어떠한 저항도 어떠한 대응도 할 수 없는 상태라는 걸 알려 줍니다. 그런데 만일 우리가, 나 자신에게 주어진 삶에 게으름을 피우며 아무런 노력도 하지 않는다면… 우리는 자기 손과 발을 스스로 묶는 꼴이 됩니다. 더 나은 삶을 동경憧憬하겠지만, 이는 그저 헛된

공상空想에 사로잡힌 채 허송세월虛送歲月하는 모습입니다. 왜냐하면 (손과 발이 묶여 있는 상태이기 때문에) 삶의 고뇌에 몸부림을 치지만 어떠한 저항도 어떠한 대응도 하지 못하는 그러한 상태이기 때문입니다. 그리고 그 상황은 절대로 변하지 않을 것입니다.

우리에게 주어진 과제는 명확해집니다. 각자 자기 손과 발을 묶어 버리는 과오를 범하지 않는 일입니다. 손과 발을 자유롭게 잘 사용하며 내 삶의 목표를 차근차근 자신이 직접 이루어 나가야 합니다. 내 삶을 보다 윤택하고, 보다 알차게, 혹은 보다 만족스럽게 만들 수 있는 건, 그 누구도 아닌 바로 나 자신이기 때문입니다. 스스로 움직여야 비로소 변화가 시작됩니다. 하느님께서 나에게 허락하신 삶이 얼마큼 가치 있고 또 얼마큼 귀중한 선물인지, 나 스스로가 열심히 잘 살아내며 변화시킬 수 있어야 하겠습니다.

11

"에이즈는 내게 선택권을 주었다. 속수무책으로 에이즈로 죽을 것
인가, 아니면 미처 살지 못한 올바른 삶을 시작할 것인가?"
— (에이즈 환자) 그레이엄 (AIDS Patient) Graham

〈미지의 섬〉(주제 사라마구Jose Saramago 著)이라는 책을 보면,
'존재와 인식에 관한 철학적인 물음'이 등장합니다. 섬을 두고서 왕
과 사내의 사이에 의견이 서로 충돌하고 있습니다. 왕은 주장합니
다. "모든 섬이 지도에 표시되어 있기 때문에, 미지의 섬은 없다." 사
내는 주장합니다. "알려진 섬들만 지도에 표시되어 있기 때문에, 미
지의 섬도 있다." 여러분은 누구의 주장에 손을 들어 주겠습니까? 여
기서, 왕과 사내의 차이점은 무엇일까요? 왕은 지도에서 보이는 섬
들이 결국 전부라는 것, 사내는 지도에 보이는 섬들이라고 해서 결코
그것이 전부일 수는 없다는 것입니다. 그렇다면, 왕과 사내의 공통점
은 무엇일까요? 미지의 섬이 있든 없든, 두 사람은 섬의 존재에 관하
여 분명하게 인식하고 있다는 점입니다.

우리에게 주어진 여생은 마치 미지의 섬을 향하여 부단하게 항

해하고 있는 배와도 같습니다. 내가 앞으로 얼마큼을 더 항해할 것인지 알 수는 없지만, 심지어 더 이상 항해하지 못하는 그 순간이 반드시 찾아온다는 것 또한 알고 있는 우리입니다. 단, 예외가 있습니다. 시한부 판정을 받게 되는 이들이 그렇습니다. 그들은 앞으로 얼마큼을 더 항해할 수 있는지, 심지어 더 이상 항해하지 못하는 마지막 순간마저도 예상하는 모습입니다. 이와 같은 상황이 그들에게는 엄청난 충격이고 또한 큰 슬픔으로 다가오겠지만, 충격과 슬픔의 단계를 넘어서 그 상황을 겸허하게 받아들이게 되면 그들은 항해하는 동안에도 그동안 자신이 하고 싶었던 모든 것을 적극적으로 시행해 나갈 것입니다.

　나의 배가 '미지의 섬인 하느님 나라' 그 종착점을 향하여 서서히 다가가고 있습니다. 오늘도 항해 중에 내가 해야 할 일은 무엇이 있는지 자세히 점검해 보고, 이를 꼭 지혜롭게 시행해 나갔으면 좋겠습니다.

———— 12

"하루하루를 산에 오르듯 살아라. 가끔 한 번씩 정상을 훔쳐보면 목표에 대한 결의를 다지는 데 도움이 되지만, 수많은 절경은 저마다 가장 좋은 전망 지점이 따로 있다. 천천히, 꾸준히, 스쳐 지나가는 순간들을 음미하며 올라라. 정상에서 보는 전망은 그 여정에 어울리는 클라이맥스로 걸맞을 것이다."

— 해럴드 B. 멜처트 Harold B. Melchart

'산山'이란? '평지보다 높이 솟아 있는 땅의 부분'을 일컫습니다. 산에는 정상만이 존재할 수는 없습니다. 누군가가 산에 오르기 시작하면, 지나가는 지점들이 있고 그 지점들이 이어져서 비로소 정상에 닿는 것입니다. 다시 말하면, 산에서는 정상도 하나의 지점이라는 뜻입니다.

그런데, 등산하는 대부분의 사람은 목적지를 정상에만 두고 있는 모습입니다. 왜냐하면, 정상에서는 더 이상 올라갈 곳이 없기 때문입니다. 산을 정복하는 그 순간을 만끽하기 위해서 그래서 더는 그만 오르고 싶은 마음 때문인지도 모르겠습니다. 그러나 산을 계속해서 올라가야 하는 상황이라면, 내가 집중해야 할 곳은? 목적지가 아니라, (내가 서 있는 바로 그 지점에서 바라볼 수 있는) 전망인 것입

니다. 정상은 도달해야 할 지점이지만, 내가 서 있는 곳은 이미 도달해 있는 지점이기 때문입니다. 목적지를 향하고 있는 과정에서도 우리는 얼마든지 전망을 바라보며 아름다운 절경을 만끽할 수 있는 법입니다.

우리네 신앙의 여정에도 목적지는 분명히 있습니다. 그곳은 어디일까요? 바로 '하늘'입니다. 예수님께서는 '주主님의 기도'를 통하여, 그 목적지가 어디인지를 암시하십니다. "하늘에 계신 우리 아버지~" 천상의 하느님 나라에서 실제로 하느님 아버지를 만나는 순간이, 신앙의 여정 그 끝인 것입니다. (마치 산이 땅에서 정상까지 이어져 있듯이) 신앙의 여정이란, 땅에서 하늘이 맞닿아 있는 모습입니다. 세월이 흘러감에 따라서 우리가 하늘로 떠나가야 할 시간에 서서히 다가가고는 있지만, 내가 현재 머물러 있는 곳은 땅입니다. 때로는 먼 하늘을 바라보는 습관도 필요하지만, 내가 서 있는 땅 바로 그 지점에서 가까운 주위를 둘러보며 그 상황에 담긴 미학을 만끽하는 것이 필요하지 않을까요? 내가 살아가고 있는 삶의 바로 그 자리에서 신앙의 눈으로 바라보는 이 세상은 충분히 아름다울 것입니다.

———— 13

"산다는 것은 너무나 깜짝 놀랄 일이어서 도무지 다른 생각을 할 여유를 주지 않는다."

— 에밀리 디킨슨 Emily Dickinson

에밀리 디킨슨의 이 명언에서 주제는 '산다는 것은'입니다. 문득 저에게 떠오르는 노래가 있으니, '사노라면'이라는 한국의 민중가요입니다. 1절 가사를 보면 다음과 같은 구절이 나옵니다. "사노라면 언젠가는 밝은 날도 오겠지. 흐린 날도 날이 새면 해가 뜨지 않더냐." '사노+라면' 즉 '살아가야+한다면', 밝은 날도 맞이하고 흐린 날도 맞이한다는 뜻입니다. 다시 말하면, 우리네 삶에 (빛이 충만한) 밝은 날과 (어둠이 만연한) 흐린 날이 공존한다는 것입니다. 이는 하느님께서 제정하신 질서입니다. 천지창조天地創造 사화史話에 이 부분이 분명하게 명시되어 있기 때문입니다. "하느님께서는 빛과 어둠을 가르시어" [창세 1,4]

'빛과 어둠'은 신앙적인 관점에서 흔히 '선과 악'에 비유되기도 합니다. 즉 선과 악이 공존하는 그러한 세상을 우리는 살아가고 있습

니다. 선을 행할 때에 (빛이 충만한) 밝은 날을 맞이하였고, 악을 행할 때에 (어둠이 만연한) 흐린 날을 맞이하였습니다. 이는 우리의 처신이 얼마나 중요한 것인가를 알려 줍니다. 선과 악을 두고서 나는 과연 무엇을 행할지 그 처신에 따라, 밝은 날이 되기도 하고 흐린 날이 되기도 한다는 것입니다.

꼭 명심해야 하겠습니다. 빛의 자녀인 모든 신앙인은 밝은 날을 살아가도록 부르심을 받았다는 것을…. "선을 행하여라. 그러면 악이 너희에게 닥치지 않을 것이다." [토빗 12,7]

14

"조각가는 대리석의 필요 없는 부분들을 하나씩 쪼개 아름다운 조각품을 완성한다. 이것이 제거해 가는 과정이다."

— 엘버트 허버드 Elbert Hubbard

엘버트 허버드의 이 명언은, '인생'을 어떻게 살아가야 하는지를 '조각가'의 창작 과정에 비유하고 있습니다. 그런데 만일, 인생이 '신앙생활'로 바뀐다면? 조각가보다는 '공예가'의 창작 과정에 더 가까울 것입니다. 저는 이렇게 정의하고 싶습니다. 인생은 대리석을 제거해 가는 조각彫刻이지만, 신앙생활은 지점토를 붙이고 떼는 공예工藝라는 것을….

조각과 공예의 차이는, 회생回生이 가능한지의 여부입니다. (창작 과정에서) 조각은 한 번 제거한 부분을 돌이킬 수 없지만, 공예는 한 번 떼어 버린 부분을 다시 붙일 수 있는 것입니다. 즉 공예는 한 번이든 두 번이든 횟수에 제한 없이 얼마든지 회생이 가능하다는 뜻입니다.

교회 공동체는, 조각가의 길이 아닌 '공예가의 길'로 우리 모두를 초대하고 있습니다. 공예가의 길이 곧 신앙생활인 것입니다. 아직은 미완성인 채로 남아 있는 나의 공예품을 두고서, 하느님은 내가 지점토를 어떻게 붙여야 하고 또 떼야 하는지를 친절하게 안내해 주고 계십니다. 하느님의 안내에 따라서 부단하게 작업을 하다 보면, 비로소 내가 완성한 공예품은 분명 걸작일 것입니다. "너희는 (…) 나의 규칙들을 지키며 따라야 한다. 나는 주 너희 하느님이다." [레위 18,4]

15

"사람의 적절한 기능은 존재하는 것이 아니라 사는 것이다."

— 잭 런던 Jack London

평소 여러분은 존재감이 있습니까? 없습니까? '존재감이 있다'는 것은 무엇일까요? '존재감이 있다'를 영어로 표기하면, 'Stand(서 있다) Out(밖에서)'이 됩니다. 이는 '밖에서' 다양한 부류의 사람들과 함께 모여 있어도 내가 '서 있는' 모습이 보인다는 의미로, 한 마디로 '돋보인다'라는 것입니다.

〈당신은 존재감 있는 사람입니까? — 끌리는 사람에겐 이유가 있다〉(김범준 著)라는 제목의 책이 있습니다. 이 책에서 저자는, 존재감이 있는 사람이 되기 위해서 나 자신을 브랜드화Branding하는 작업을 해야 한다고 주장합니다. (과연 어떻게 살아야) 나를 돋보이게 할 수 있을지 '자기 계발서'가 필요하다는 것입니다.

신앙생활도 이와 유사합니다. '신앙'이라는 브랜드Brand를 협찬

을 받아 사용하면서 내가 이 브랜드를 홍보하고 있는 '생활'이, 곧 '신앙생활'인 것입니다. 문제는, (과연 어떻게 홍보해야) 신앙인으로서의 나를 돋보이게 할 수 있을지 '자기 계발서'가 필요하다는 것입니다. 신앙인으로서의 정체성을 지닌 여러분은, 이 세상에서 얼마큼 자신을 돋보이게 하려고 노력하고 있습니까? 여러분의 돋보이는 모습은, 세상을 아름답게 변화시키고 많은 사람을 신앙생활에 동참하도록 초대하는 계기가 될 것입니다. "좋은 점을 돋보이게 하니 누가 (…) 보면서 싫증을 느끼겠는가?" [집회 42,25]

16

"시간에 쫓기지 마라."

— 골다 메이어 Golda Meir

평소 저는 시간이 참으로 빨리 흘러간다는 느낌을 아주 강렬하게 받는 편입니다. 무언가를 하면서 그 무언가에 몰두하다가, 어느 순간 갑자기 시간의 흐름을 깨닫게 됩니다. 그러고는 혼자서 늘 같은 말을 되뇌곤 합니다. '벌써 시간이 이렇게 되었나?' 저 스스로가 알아차리지 못했던 것뿐이지, 시간은 계속해서 흘러가고 있었던 것입니다. 시간이 계속해서 흘러간다는 말은, 시간을 멈출 수 없다는 의미이기도 합니다. 시간은 계속해서 흘러만 가는데 내가 이 시간을 멈출 수 없다면, 결국 내가 할 수 있는 일은 단 한 가지밖에 없습니다. 그것은 무엇일까요? 내가 이 흘러가는 시간을, 잘 다스릴 줄 알아야 한다는 점입니다.

'시간을 다스린다.'라는 말을 더욱 멋있게 표현한다면, '시간을 지배한다.'라는 말이 됩니다. 〈시간을 지배하는 절대 법칙〉(앨런 라

킨(Alan Lakein 著)이라는 책에는, 'Prime time' 즉 '황금 시간'에 대하여 언급하고 있습니다. 여기서, 황금 시간이란? 내가 특정한 목적을 가진 일을 수행하기에 가장 적절한 시간을 뜻합니다. 하루 중 24시간이라는 시간 동안, 우리에게도 이러한 시간은 반드시 존재합니다. 각자 자신의 생활 양식에 따라서 집중이 잘 되고 능률적으로 무언가를 할 수 있는 시간이 분명히 있다는 것입니다.

우리가 신앙인으로서 영적인 생활이 시급하다면, 하루 중 24시간이라는 시간 가운데 황금 시간을 지혜롭게 활용하는 노력이 요구된다고 볼 수 있습니다. 예수님께서는 갈릴래아에서 당신의 사명을 시작하실 때, 다음과 같은 말씀을 가장 먼저 선포하십니다. "**때가 차서 하느님의 나라가 가까이 왔다.**" [마르 1,15] 이는 '시간이 다 되어서 심판의 때가 가까이 왔다'라는 뜻으로 해석할 수 있습니다. 한편, 베드로 사도는 우리에게 희망적인 메시지를 전해 줍니다. "**주님께서 참고 기다리시는 것을 구원의 기회로 생각하십시오.**" [2베드 3,15] 우리에게 주어진 모든 시간은 구원받을 기회임을 감안했을 때, 황금 시간을 스스로 정하고 그 시간을 통하여 영적인 생활을 꾸준히 이어간다면 어떨까요? 우리에게 구원은 반드시 보장될 것이라고 저는 굳게 믿습니다. 여러분 모두, 일상에서 시간을 잘 다스리고 지혜롭게 활용하는 '시간의 지배자'가 되길 간절히 기원합니다.

17

"우리는 시절을 기억하는 것이 아니라 순간을 기억한다."

— 체사레 파베세 Cesare Pavese

문득 가수 하춘화 님이 TV 광고 CF에서 외쳤던 한 유행어가 떠오릅니다. "세월이 야속해~" '세월이 야속하다'라는 이 말처럼, 시간은 계속해서 흘러만 가고 우리는 그저 흘러가는 시간을 지켜보고만 있을 뿐입니다. 또한 현재의 나는 늘 지나온 과거를 되돌아보며, '벌써 시간이 이렇게 흘렀나?' 가늠하게 됩니다. 이렇듯 흘러가는 시간 즉 세월 안에는, '시절'이 있습니다. (나이에 따라) '영유아기+아동기+청소년기+청년기+성인기:중장년기+노년기'라는 시절이 있고, (계절에 따라) '봄+여름+가을+겨울'이라는 시절이 있습니다. 시절이란 우리가 세월을 구분할 수 있는 기준이 되는데, 내가 살아온 시절 그리고 내가 살아가고 있는 시절 그리고 내가 살아가야 할 시절은 모두가 수많은 '순간'으로 이루어져 있습니다. 결국 다음과 같이 정리할수 있습니다. '세월 안에 시절이 있고 시절 안에 순간이 있다.'

우리는 각자 자신이 살아온 시절 안에서 다양한 기억을 간직하고 있습니다. 그런데 이 기억들은 시절에 대한 기억이라기보다는, 순간에 대한 기억으로 남습니다. 저는 '기억'을 '사진'에 비유하고 싶습니다. 우리는 특별한 순간을 기억하기 위해 카메라를 켜고 사진을 찍습니다. 마치 기억은 사진처럼 박제되어, 인생이라는 사진첩에 담기고 또 보관됩니다. 사진들이 늘어가면서 사진첩이 두꺼워지듯이, 기억들이 쌓이다 보면 인생은 더욱 풍요로워집니다. 아무리 오랜 시간이 지나더라도, 언제든 사진을 보면 우리는 그때 그 순간을 기억하곤합니다. 내가 인생의 어느 한순간을 기억할 수 있다는 것이 참으로 신비롭습니다.

예수님께서는 최후의 만찬 때 전 인류를 향하여 다음과 같은 당부를 남기셨습니다. **"너희는 나를 기억하여 이를 행하여라."** [루카 22,19] 예수님께서는 분명하게 말씀하셨습니다. 최후의 만찬을 제정하시는 그 순간을 그리고 당신을 기억해야 한다고 말입니다. 하지만, 우리는 그분을 실제로 뵙지는 못했습니다. 심지어 우리에게는 그분과 함께 찍은 단 한 장의 사진도 없습니다. 그렇다면, 우리가 그분을 어떻게 기억해야 하는 것일까요? 바로 표징으로 기억하라는 것입니다. 그 표징이란, '성체聖體'입니다. 성체를 바라보고 또 영할 수 있는 건, 오로지 '미사Missa'를 통해서입니다. 우리가 참된 신앙인이라면,

미사에 참례하는 일에 소홀하지 않는 것은 어쩌면 당연한 처사인 것입니다. 성체가 곧 예수님이요, 성체는 미사를 통해서만이 우리가 마주할 수 있기 때문입니다. "너희는 (성체라는 표징으로) 나를 기억하여 이(미사)를 행하여라." 오늘도 최후의 만찬 그 영광榮光된 순간이 미사를 통하여 재현되고, 우리는 성체를 바라보고 또 영하며 예수님을 기억합니다.

"시간을 잘 활용하는 비결은 시간을 트렁크에 챙겨 넣듯 작은 틈새마다 조그마한 것들을 끼워 넣어 채우는 것이다."

— 헨리 해도 Henry Haddow

미국의 정치가 벤자민 프랭클린Benjamin Franklin이 서점의 점원으로 일하던 어느 날이었습니다. 한 손님이 들어와서는, 서점의 책들을 둘러보다가 한 권을 집어 들고서 가격을 물었습니다. 그러자, 프랭클린은 5달러라고 대답했습니다. 손님은 잠시 서점을 나갔습니다. 나갔던 손님이 들어와서는 그 책의 가격을 다시 물었습니다. 그때, 독서 중이었던 프랭클린은 잠시 멈추고서는 6달러라고 대답했습니다. 손님이 따져 물었습니다. "아까는 5달러라고 하더니, 왜 지금은 6달러라고 합니까?" 이에 프랭클린은 단호한 말투로 이렇게 대답했다고 합니다. "Time is Money(시간이 돈입니다)!"

시간이 돈이라면, 우리는 시간을 어떻게 여기게 될까요? 귀하게 여길 것임이 분명합니다. 우리의 '인생이라는 통장'에는 '시간이라는 돈'이 저축되어 있습니다. 인생에서 시간은 멈추지 않고 계속해서 흘

러가고 있습니다. 즉 통장에서 돈이 멈추지 않고 계속해서 흘러가고 있는 (즉, 계속해서 빠져나가는) 것입니다. 그렇다면 돈이 빠져나간 만큼 아깝지 않도록, 그 순간순간에 우리는 값어치 있는 무언가를 해야 합니다. 왜냐하면, 빠져나간 돈은 이미 써 버린 돈이기에 돌려놓을 수 없어서 그렇습니다. 다시 말하면, 흘러간 시간은 이미 지나간 시간이기에 돌이킬 수가 없다는 뜻입니다.

나의 인생이라는 통장에서 시간이라는 돈은 지금도 계속해서 빠져나가고 있습니다. 통장에서 돈이 다 빠져나가 잔액이 하나도 없는 바로 그 순간이, 우리가 생을 마감하는 영면永眠의 때일 것입니다. 평소 내가 마치 기계처럼 본능에 따르는 일만 할 뿐, 그저 시간을 낭비하는 가운데 허송세월하고 있다면… 이는 대단히 미련한 처신인 것입니다. 나의 인생에서 흘러간 시간은 즉 나의 통장에서 빠져나간 돈은, 내가 얼마큼 값어치 있는 일을 해 왔는지에 따라 훗날 하느님 앞에서 모두 보상받게 될 것입니다. 우리가 때때로 값어치 있는 일을 계획하고 실천하는 그래서 흘러가는 시간에 의미를 부여할 수 있는 지혜로운 신앙인이 되기를 희망합니다. **"이렇게 꾸물거릴 시간이 없다."** [2사무 18,14]

19

"돈으로는 어제를 살 수 없다."

— (장군) 해럴드 R. 스타크 (Admiral) Harold R. Stark

중국 송나라 시대의 유학자인 정호程顥와 정이程頤 형제가, 어느 날 나란히 한 연회에 참석하였습니다. 그런데 연회장에서 아우 정이 는 형 정호가 기녀들과 함께 수작을 떨고 있는 상황을 목격하게 됩니다. 이를 못마땅하게 여겼던 아우는 연회를 마치고 돌아오는 길에 형에게 물었습니다. "형님, 아까 형님의 행동은 품격이 떨어질 정도로 보기에 딱했습니다." '무슨 소리인고…' 하다가 뒤늦게 그 말의 뜻을 깨달은 형은, 아우에게 이렇게 대답했다고 합니다. "너는 아직도 우리가 연회장에 있다고 생각하는 게로구나. 나는 벌써 다 잊었느니라."

이 예화에서 형과 아우는 서로 대치되는 입장을 보여 주고 있습니다. 형은 '엎질러진 물이니 말라서 증발해 버리면 그만이다'라는 생각이고, 아우는 '엎질러진 물을 다시 담으려 하지만 결국에 담을 수

없다'라는 생각인 것입니다. 해럴드 R. 스타크 장군은 말합니다. "돈으로는 어제를 살 수 없다." 그렇다면 장군은, 형 정호의 입장일까요? 아우 정이의 입장일까요? 만일 우리가 (어제) 실수로 물을 엎질렀다면, '엎질러진 물을 다시 담으려 하지만 (돈으로도 그 무엇으로도) 결국에 담을 수 없다'는 교훈인 것입니다. 어제 내가 실수한 일에 대하여, 그 실수를 그저 쉽게 잊어버리려 하지 말고 반성하면서 살라는 뜻입니다. 그래야 같은 실수를 반복하지 않을 수 있기 때문입니다.

지금 우리가 보내고 있는 순간순간은 '어제 그리고 오늘 그리고 내일'이라는 시간의 순환이고, 이 시간의 순환은 계속해서 이어질 것입니다. 다시 말하면, 어제는 오늘의 연장선이고 오늘은 내일의 연장선이 된다는 것입니다. 지나간 어제를 결코 무시할 수 없다는 뜻입니다. 우리가 어제에 집중하는 가운데 이미 지나간 시간에 저질렀던 나의 실수들을 점검해 보아야 하겠습니다. 그 실수들을 반복하지 않도록 마음을 굳게 먹고 또 노력하는 모습은, 돈보다도 더 가치 있는 내 삶을 이루어 나가는 소중한 밑거름이 될 것입니다.

20

"매일 똑같은 일을 똑같은 시각에 똑같은 시간을 들여서 한다면 불필요한 수고를 크게 줄일 수 있다. 매일 되풀이하는 일과는 생존을 위한 조건이다."

— 플래너리 오코너 Flannery O'Connor

A와 B라는 두 친구가 나무를 수집하기 위해 깊은 산 속으로 떠납니다. 두 친구는 각자 적당한 자리를 잡고서 도끼로 나무를 찍고 있었습니다. 오랜 시간 도끼질하는 이 행위가 계속해서 되풀이되고 있었습니다. 그런데 A라는 친구는 나무를 부지런히 모으고 있었고, B라는 친구는 나무가 잘 모이질 않았습니다. 두 친구는 똑같이 도끼질했지만, 수집량이 확연하게 차이가 나고 있었던 것입니다. 이유가 무엇인고 하니… B라는 친구는 도끼질하지 않는 시간에 가만히 앉아서 쉬고 있었고, A라는 친구는 도끼질하지 않는 시간마다 이 시간을 활용하여 틈틈이 도끼날을 갈았다고 합니다.

우리 역시도 마치 도끼질하듯이 매일 똑같은 일을 되풀이하고 있습니다. 그 일이 기도라면, 우리는 매일 똑같은 기도를 되풀이하고 있을 것입니다. 그런데 기도를 바치지 않는 시간에 (B라는 친구처

럼) 아무것도 하지 않고 있다면, 내가 정작 기도를 바치는 시간은 아무런 감흥이 없는 가운데 형식적으로 흘러가기가 쉽습니다. 진정성이 있는 기도가 되기 어렵다는 뜻입니다. 기도를 바치지 않는 시간에 (A라는 친구처럼) 도끼날을 가는 모습은 무엇일까요?

평소 우리가 신앙인다운 면모를 드러내며 살아가는 것은 틈틈이 도끼날을 가는 것과 같으며, 이렇듯 준비된 자세로 기도를 바치면 우리의 기도는 진정성이 있는 기도가 되어 하느님의 어전에 온전하게 봉헌될 것입니다. 이는 분명 성과가 있는 기도인 것입니다. 기도를 바치지 않을 바에야 형식적으로라도 기도를 바치는 편이 낫고, 기도를 바칠 바에야 이왕이면 기도를 제대로 바치는 편이 낫지 않겠습니까? 앞으로 우리에게 주어진 과제는, 기도를 바치지 않는 시간에 나는 과연 어떠한 모습으로 살아가고 있는지를 점검해 보는 일인 것입니다.

——— 21

"견디기 힘든 것일수록 아름다운 추억이 된다."

— 포르투갈 격언

이 격언을 보고 있노라니, 저에게 문득 두 가지의 단어가 동시에 떠올랐습니다. 그것은 바로 '기억'과 '추억'입니다. '기억'과 '추억'은 이미 지나간 일에 대하여 돌이켜 생각한다는 점이 동일합니다. 하지만, 둘 사이에는 엄연한 차이가 있습니다. (이미 지나간 일에 대하여) 기억은 돌이켜 생각하는 것에서 그치지만, 추억은 돌이켜 생각하는 것에 감정이 묻어 있기 때문입니다. 그래서 다음과 같은 명언이 탄생하기도 했습니다. "기억은 머리로! 추억은 가슴으로!"

성경을 보면, 하느님(예수님)께서는 인간에게 "기억하여라!", "기억해 보아라!", "기억해야 한다!"라고 수차례 당부하십니다. "추억하여라!", "추억해 보아라!", "추억해야 한다!"라고 당부하신 적이 절대로 없다는 사실입니다. 결국 신앙인에게 있어서 우선적으로 선행되어야 하는 것은 '기억'이며, 이 기억을 토대로 스스로 '추억'을 만들어

나가야 한다는 걸 깨닫게 됩니다. 그래서 우리는 이와 같은 순서를 명심해야 합니다. 신앙생활 안에서 (1) 하느님(예수님)께서 전해 주시는 말씀을 '기억'하고, (2) 기억한 말씀을 살아내어 '추억'으로 남기는 것!

하루도 빠짐없이 매일 우리 앞에 말씀의 식탁은 풍성하게 차려져 있습니다. 음식을 만드는 요리사는 예수님이요, 만들어진 음식을 나르는 종업원은 사도들입니다. 식탁에 차려지는 말씀은? 곁들임 요리(독서: 사도들이 대신 전해 주는 말씀)와 주요리(복음: 예수님께서 직접 전해 주시는 말씀)로 구성됩니다. 우리를 위하여 식탁에 영적인 양식이 차려져 있음을 예수님은 꼭 '기억'하라고 당부하십니다. 이 양식을 먹으면서 맛을 음미하고 즐기며, 그 즐거운 기분으로 무언가를 '추억'하는 것은 바로 우리의 몫인 것입니다. 영적인 양식을 먹어야 한다는 걸 언제까지 '기억'만 하고 있을 것입니까? 내 영혼이 굶주려 있는 상태인데 배고픔을 전혀 느끼지 못하고 있는 것은 아닙니까? 내 영혼에는 다이어트Diet가 필요치 않습니다. 말씀의 생활화는… 식탁에 차려진 영적인 양식으로 내 영혼을 맘껏 살찌우는 시간이며, 이 시간을 통하여 살아가는 나의 신앙생활에 소중한 '추억'들을 남기는 노력인 것입니다.

22

"시간은 삶의 동전이다. 그것은 내 수중에 있는 한 푼의 동전이며,
그것을 어떻게 쓸지는 나만이 결정할 수 있다."

— 칼 샌드버그 Carl Sandburg

마니아Mania들 사이에서는 '수집 아이템Item'이 오랜 시간 여전
히 유행하고 있습니다. 수집하는 여러 종류의 아이템 가운데 대표적
으로 동전이 있습니다. 현 시대에는 거래 수단으로 동전 대신에 지폐
나 카드Card를 주로 사용하기 때문에, 실제로 동전을 볼 수 있는 기
회가 점점 줄어들고 있습니다. 이러한 이유 때문일까요? 희귀성이나
보관 상태의 기준에 따라서 다양한 동전에 대한 수집의 가치가 더욱
높아진 것 같습니다.

그런데, 칼 샌드버그는 주장합니다. 사람에게는 오직 한 푼의 동
전만이 손에 쥐어져 있는데, 이 (삶의) 동전이 곧 시간이라고 말입니
다. 그의 주장처럼 시간이 '삶의 동전'이라면… '삶'은 이 지상에서의
살아갈 날을 뜻하는 것이기 때문에, '동전'에는 유통 기한이 있는 것
과 같다고 볼 수 있습니다. 여기서 동전에 있는 '유통 기한'이란, 시간

이 사용될 수 있는 기간을 가리킵니다. 문제는, 인간이 시간에 대한 유통 기한을 전혀 모른다는 사실입니다. 다시 말하면, 우리는 유통 기한을 모르는 채로 각자 주어진 시간을 그저 정신없이 사용만 하고 있다는 점입니다. (동전을 수집하듯이) 마음대로 수집할 수 없는 것이 시간이요, 우리에게는 (오직 한 푼의 동전만이) 오직 하나의 시간만이 주어져 있음을 망각해서는 안 됩니다.

그렇다면, 우리의 과제는 명백해집니다. 유통 기한조차도 모르는 이 시간을 과연 어떠한 방식으로 지혜롭게 사용할 것인가에 관한 계획입니다. 지금 우리가 시간을 대수롭지 않게 여기거나 이 시간을 아무렇게나 흘려보내고 있다면, 이는 심각한 문제가 아닐 수 없습니다. 유통 기한이 다 되어 시간이 갑자기 끝나 버리게 될 때, 내가 할 수 있는 것은 아무것도 없기 때문입니다. 신앙인으로서 우리는 신중하게 성찰해 보아야 합니다. 이 지상에서의 살아갈 날이 내가 구원받을 수 있는 기회인 셈이요, 구원받기에 합당한 자가 될 수 있도록 나 자신에게 주어진 시간을 잘 활용해야 함은 당연한 처신임을…. "시간을 잘 쓰십시오. [에페 5,16] 시간이 얼마나 남았는지 알지 못하기 [집회 11,19] 때문입니다."

23

"근로자와 장인들은 자기가 가진 시간의 가치를 알고 제 가격을 제대로 받지 않으면 그것을 내놓지 않는다."

— (백작) 클래런던 (Lord) Clarendon

인류의 위대한 발명품 가운데 시계가 있습니다. 우리는 시계를 사용하는 시대를 살아가고 있습니다. 시계는 시간의 흐름을 알려 줍니다. 그렇다면, 우리는 각자 자신에게 다음과 같은 질문을 던져 보아야 합니다. 내가 시계를 바라보며 '시간의 흐름'만 알면서 살아가고 있는지 '시간의 가치'도 함께 알면서 살아가고 있는지 말입니다. 하느님께서는 시간이 흘러가도록 만드셨고, 그 시간을 누릴 수 있는 자격을 인간에게 허락하셨습니다. 여기서 시간을 누린다는 것은 시간이 지닌 가치를 뜻합니다.

우리가 간과해서는 안 될 중요한 사항이 있습니다. 시간의 가치도 시간의 흐름에 영향을 받는다는 점입니다. 그러니 끊임없이 흘러가는 시간 속에 머무는 인간이 그 시간이 지닌 가치를 분명하게 알고서 살아가야 하는 것은, 그 자체로 '인간다움'일 것입니다.

'인간다운 모습'을 지닌 우리… 그래서 시간의 흐름이라는 그 가치를 알면서 살아가는 우리가, 시간의 지배자인 하느님을 흠숭하고 그분의 뜻에 순명하는 삶을 살아가기를 간절히 소망합니다.

24

"다른 사람들은 옛 시절이 좋았다고 말하지만, 나는 지금 이 시절에 태어난 것이 기쁘다."

― 오비디우스 Ovidius

2019년도를 강타하여 지금까지도 대중들에게 폭발적인 반응을 일으키고 있는 대표적인 유행어가 있습니다. "라떼는 말이야~" '삼성생명'에서 제작한 한 광고가 참으로 인상적입니다. 광고를 보면, 회사 상사로 나오는 배우 김병철 님이 직원들과 함께 대화를 나누는 장면이 묘사되고 있습니다. 상사는 라떼가 담긴 머그컵을 들고 있는데 머그컵에는 말이 그려져 있습니다. 상사는 머그컵을 가리키며 이렇게 외칩니다. "라떼는 말이야~ (나 때는 말이야~)" 그러고는 자신이 보냈던 옛 시절의 생활 방식과 비교하여 지금 시절의 생활 방식을 적나라하게 풍자합니다.

'고금동연古今同然'이라는 사자성어가 있습니다. 이는 '(예나 지금이나) 마찬가지'라는 뜻입니다. 그런데 이 사자성어가 무색해지는 것일까요? (예나 지금이나) 즉 (옛 시절이나 지금 시절이나) 마찬가지

일 수 없는 일들이 빈번하게 일어나고 있기 때문입니다. 옛 시절의 생활 방식과 지금 시절의 생활 방식은 아무래도 달라 보입니다. 시절이 다르듯이 생활 방식이 다르다는 건, 맞고 틀림의 문제가 아닌 오직 다름의 문제입니다.

　여기서, 우리가 간과해서는 안 될 사항이 있습니다. 지금 시절도 언젠가 옛 시절이 된다는 점입니다. 우리가 보냈던 옛 시절의 생활 방식도 필요한 것이 있고, 우리가 보내고 있는 지금 시절의 생활 방식도 필요한 것이 있습니다. 옛 시절의 생활 방식이든 지금 시절의 생활 방식이든, 내가 선별하여 체득한 방식은 늘 주님을 향해 있는 평화平和로운 생활이어야 한다는 점을 명심해야 하겠습니다. 주님께서는 주님만의 방식으로 우리에게 늘 평화로운 생활을 허락하고 계시기 때문입니다. 바오로 사도는 이렇게 기도합니다. "**주님께서 친히 온갖 방식으로 여러분에게 언제나 평화를 내려 주시기를 빕니다.**" [2테살 3,16]

———— 25

"아무 때라도 바로 그때가 해야 할 일을 하기에 가장 적절한 때다."
— 마틴 루터 킹 주니어 Martin Luther King Jr.

"인생은 타이밍이다!"라는 격언을 한 번쯤은 들어 보았을 겁니다. 저는 이 격언을 들을 때마다 신앙적인 관점에서 접근하곤 합니다. 신앙생활의 목표란 '구원'이니, "구원은 타이밍이다!"라고 말입니다. 여기서 '타이밍Timing'이란? 주변의 상황을 지켜보고서 스스로가 좋은 시기를 결정하는 것을 뜻합니다.

요즘 시대에 우리들이 처한 주변의 상황은 어떻습니까? 예수님께서는 바로 지금의 이 순간에도 목소리를 높여 외치고 계십니다. "때가 차서 하느님의 나라가 가까이 왔다. 회개하고 복음을 믿어라." [마르 1,15] 주변의 상황은 분명 때가 차고 있는 긴급한 상황이고 우리는 그 상황을 지켜보고 있는데, 스스로가 좋은 시기를 결정하지 못하고 있는 것은 아닌지요? 아무것도 하지 않고서 신세만 한탄하다가는 타이밍을 영영 놓쳐 버릴지도 모릅니다.

때가 차고 있다는 예수님의 경고를 우리가 결코 등한시해서는 안 되겠습니다. 구원받을 기회가 바로 지금의 이 순간이기 때문입니다. 내가 놓치지 않은 좋은 시기들은 곧 구원의 자격이 될 것입니다. 우리는 "구원은 타이밍이다!"라는 다짐을 신앙의 신조로 삼으며, 깨어 있는 신앙생활을 부단하게 이어 나가야 하겠습니다.

26

"지금 순간이 가장 중요하다. 과거와 미래를 연결하는 다리이기 때문이 아니라 그 순간이 담고 있는 내용물 때문이다. 우리가 받아들일 능력을 갖고 있다면 이는 우리의 텅 빈 구석을 채워 우리 것이 될 수 있다."

— 다그 함마르셸드 Dag Hammarskjöld

독일어로 '순간Augenblick'이라는 단어는, '눈의 깜빡임Blick des Augues'이라는 말에서 유래한다고 합니다. 눈을 깜빡이는 동안을 즉 그 짧은 시간을, 순간으로 규정하고 있는 것입니다. 그러나 후대에 와서는, 순간이 과거와 미래를 연결하는 '바로 지금'이라는 지극히 짧은 시간적 규정을 갖게 되었습니다.

여러분, '바로 지금'은 얼마나 중요한 순간인가요? 여러분이 중요한 이 순간을 할애하여 저의 글을 읽고 있다는 상상을 하니, 가슴이 벅차오릅니다. 다그 함마르셸드는, 순간이 내용물을 담고 있음을 알려 줍니다. 여기서 내용물은, 순간을 보내고 있는 주체가 직접 담아야 하는 것임을 깨닫게 됩니다.

주체가 순간을 보내고 있는 동안 내용물을 담는 행위를, 저는 '의미 부여'라고 정의하고 싶습니다. 매 순간 내가 경험하는 것들에 의미를 부여하지 않으면, 순간순간은 그저 무의미하게 흘러가 버립니다. 신앙생활이란, 매 순간 내가 경험하는 것들에 '예수님의 현존과 그분의 이끄심이 무엇인지' 그 의미를 부여하는 태도여야 한다는 점을 꼭 명심해야 하겠습니다. "그 '순간' 그들이 둘러보자 더 이상 아무도 보이지 않고 '예수님만' 그들 곁에 계셨다." [마르 9,8]

🔍 인간 (관계)

─────────────

🔍 몸과 마음(정신)

27

"친절은 사회를 함께 묶어 주는 황금 사슬이다."

- 요한 볼프강 폰 괴테 Johann Wolfgang Von Goethe

평소 여러분은 얼마나 친절을 베풀고 있습니까? 돌이켜 보면, 일상에서 내가 누군가로부터 무상으로 받는 친절은 상당히 많습니다. 서두르는 나에게 내가 앞서가도록 길을 비켜 주는 사람이 있고, 몸이 불편한 나에게 기꺼이 자리를 양보하는 사람이 있으며, 엘리베이터 문을 잡고서 내가 탈 때까지 기다려 주는 사람이 있습니다. 또한 무거운 짐을 지고 있는 나를 거들어 주는 사람이 있고, 내가 무심코 떨어뜨린 물건을 허리를 굽혀 집어서 나에게 건네주는 사람도 있습니다. 내가 부탁하지도 않았는데 대가 없이 호의를 베푸는 사람들의 모습에서 우리는 친절을 느낍니다. 이렇듯 친절은, 우리가 혼자가 아님을 다시금 일깨워 줍니다.

〈(잠들기 전에 읽는) 긍정의 한 줄〉이라는 책의 저자인 스티브 디거Steve Deger는 다음과 같은 말을 했습니다. "친절은 일상에 찌든

생각을 변화시켜 주는 뜻밖의 놀라움이다." 반복되는 일상에 쫓다 보면, 우리의 생각은 무더지기 쉽습니다. 또한 자기 입장만을 중시하는 개인주의적인 성향에 빠지기 쉽습니다. 하지만 친절함을 체험하는 순간, 우리의 생각과 성향은 조금씩 올바르게 변화될 것입니다. 다른 이들과 함께 더불어 살아가는 이 사회에서, 친절이란 그렇게 서로를 묶어 주는 유대 관계의 사슬이 되기 때문입니다.

우리 신앙인 공동체도 마찬가지입니다. 공생활 시절 예수님의 행적은 많은 순간, 남에게 친절을 베푸시는 모습으로 일관됩니다. 도움이 필요한 이들과 소외된 이들을 직접 찾아 나서시고 친히 친절을 베푸시는 그분의 행적은, 모든 신앙인이 갖추어야 할 덕목이요 과제입니다. 오늘도 우리가 누군가에게 친절을 베풀 기회는 참으로 많습니다. 우리도 예수님의 마음으로 내가 만나고 마주치는 이들에게 진심을 담아 친절을 베풀 수 있으면 좋겠습니다. 나의 친절이 누군가를 살아 있게 만들고 그와 함께 더불어 살아가는 원동력이 된다면, 서로의 유대 안에서 신앙을 전파하는 일은 훨씬 더 수월해질 것이라고 굳게 믿습니다.

28

"인간은 인연으로 엮어 만든 하나의 매듭, 망, 그물이다. 중요한 것은 이런 인연이다."

— 앙투안 드 생텍쥐페리 Antoine De Saint-Exupery

여러분, 우리는 인연입니까? 인연이 아닙니까? 저는 매번 사목司牧 임지를 옮길 때마다, 새로운 만남을 허락하신 하느님께 가장 먼저 감사 기도를 올리곤 합니다. 왜냐하면, 제가 가지고 있는 능력으로는 절대로 인연을 좌지우지할 수가 없기 때문입니다. 나 자신의 인생에 있어서 내가 새롭게 만나게 되는 모든 사람은 그래서 하느님께서 계획하신 인연일 수밖에 없습니다. 다시 말하면, 내가 누군가를 새롭게 만나게 되었을 때 그 누군가와의 만남에는 다 뜻이 있다는 것입니다.

인연은 줄곧 연대로 이어집니다. 교회 공동체도 신앙인들 서로가 엮어져 있는 하나의 매듭이요, 하나의 망이며, 하나의 그물인 것입니다. 예를 들어, 우리가 각자 가지고 있는 능력이 1이라면, 우리는 사람들과의 연대로 인하여 그 능력을 100까지 끌어 올릴 수 있게

됩니다. 이것이 인연에서 파급되는 효과요, 연대의 힘입니다. 내가 인연을 맺고 있는 사람이 많으면 많을수록, 더 큰 에너지Energy가 된다는 것을 깨닫게 됩니다. 또한 그러한 의미에서, 우리는 신앙으로 무장된 장본인임을 한 번 더 깨닫게 됩니다. 우리가 가진 신앙의 에너지는 내가 교회 공동체에 몸담은 한 내가 가진 에너지의 100배의 힘을 발휘할 수 있기 때문입니다.

　우리는 결코 혼자가 아닙니다. 내가 맺고 있는 인연과 그로 인해 이어지는 연대는 어쩌면 내 인생에 가장 큰 힘이 될지도 모릅니다. 현재의 일상에서… 나에게 매듭으로 엮어져 있는 사람, 나에게 망으로 엮어져 있는 사람, 나에게 그물로 엮어져 있는 사람은 누구인지 자세히 살펴보았으면 좋겠습니다. 오늘은 그 사람들에게 안부 인사를 전해 보고, 그 사람들을 위해 축복의 기도를 빌어 주는 건 어떨까요? 나의 이 작은 선행이 그에게도 역시 큰 힘이 된다는 것을 꼭 명심하길 바랍니다.

29

"자신을 둘둘 말아 감싸면 인간은 참으로 조그만 꾸러미다."
- 벤자민 프랭클린 Benjamin Franklin

　　오래전 군대 훈련소에서 힘든 훈련을 마치고 난 후에 한 전우가 눈물을 글썽이며 저에게 이러한 말을 한 적이 있습니다. "우리는 지금 작고 보잘것없는 훈련병에 불과하지만, 군 복무를 끝마치고 나서 사회에 다시 나가면 당당하게 큰 사람이 되자!" 당시에 저도 모르게 입에서 자연스럽게 나온 말이 있었습니다. "나는 작아져야 해!" 전우는 이 대답이 무슨 뜻인지를 이해하지 못하여 멋쩍어하는 모습이었습니다. 사실 제가 이와 같은 대답을 한 이유는, 군대에 입대하기 전 신학교神學校에서 생활할 때 매일 하나의 신조처럼 여기는 구절이 있었기 때문입니다. 그 구절은 요한 복음서에 나옵니다. "그분은 커지셔야 하고 나는 작아져야 한다." [요한 3,30]

　　우주에서 인공위성으로 찍은 지구의 사진이나 영상을 볼 때면, 지구도 작아 보이는데… 지구의 어느 한 지점에서 살아가고 있는 우

리 인간이 얼마나 작은 존재인가를 새삼 깨닫게 됩니다. 우주가 하늘(=궁창)이라면 지구는 땅이라고 볼 수 있습니다. 이사야서에는 다음과 같은 구절이 나옵니다. **"그분께서는 땅 위 궁창에 좌정하여 계시고 땅의 주민들은 메뚜기 떼와 같다."** [이사 40,22] 크기를 비교하자면, 인간이 메뚜기보다 훨씬 더 크거늘… 하늘에 계신 하느님께서 땅에 있는 인간을 바라보실 때, (인간이 모여 있는 것이 메뚜기 떼와 같다는 말은) 상식을 뛰어넘을 정도로 우리 인간이 그분의 눈에 매우 작아 보인다는 의미입니다.

우리는 왜 이처럼 작은 존재인 걸까요? 그렇다면, 하느님이 세상에서 우리를 작은 존재로 창조하신 이유가 무엇인지를 성찰해 볼 필요가 있습니다. 사실 이유는 단순합니다. 우리가 창조된 그 모습 그대로 살아가라는 것입니다. 즉, 이 세상에서 우리가 작은 존재로 창조되었으니 작은 존재답게 그렇게 살아가라는 것입니다. 이는 '작은 존재로의 부르심'입니다. 작은 존재로의 부르심에 걸맞은 덕은, 바로 '겸손'입니다. 예수님께서는 공생활 시절에 다음과 같은 당부를 하셨습니다. **"나는 겸손하니 나에게 배워라."** [마태 11,29] '겸손謙遜'이란? 자신은 작아지고 상대방은 커지게 만드는 미덕을 뜻합니다. **"그분은 커지셔야 하고 나는 작아져야 한다."** [요한 3,30] 이 구절은 '자리'라는 단어를 첨가할 때 그 의미가 분명하게 드러납니다. "그분의 '자리'

는 커지셔야 하고 나의 '자리'는 작아져야 한다." 겸손이라는 미덕이 비로소 완성되는 건, '사람 앞에 겸손'이 아닌 '하느님 앞에 겸손'이라는 걸 깨닫게 됩니다. 내 삶에서 나 자신을 내세우지 않는 가운데 '하느님께서 돋보이시도록 그분의 자리'를 마련해 드리고, 나를 통하여 '하느님께서 일하시도록 그분께 기회'를 드리는 겸손한 신앙인이 되어야 하겠습니다.

30

"건강하고 강인한 사람은 필요할 때 도움을 청하는 사람이다. 생채기가 무릎에 생기거나 마음에 생기더라도."

— 로나 배릿 Rona Barrett

개인주의가 만연한 이 세상에는 사유하는 공간보다 공유하는 공간이 더 많아져야 합니다. 서로 도우며 살아가야 한다는 의식이 우리 모두에게 뿌리 깊게 박혀야 합니다. 왜냐하면 우리는 결코 혼자서 살아갈 수 없도록 창조되었기 때문입니다. 누군가가 이 창조의 질서를 무시하거나 파괴하게 되면 그래서 세상에서 사유하려는 자신의 입지를 그 공간을 넓혀 나간다면, 폐해는 바로 자신에게 돌아올 것입니다.

과연 내가 언제 도움이 필요했는지 그래서 내가 언제 도움을 청했는지를 돌이켜 볼 때, '내가 할 수 있는 일'이라면 누군가에게 도움을 청하려다가도 이내 직접 나 자신이 해결했었음을 기억합니다. 하지만, 도저히 '내가 할 수 없는 일'에 맞닥뜨렸을 때 나는 누군가에게 절실히 도움을 청했었음을 깨닫게 됩니다. 누군가의 도움은 늘 나에

게, 그 일을 해결할 수 있다는 자신감과 용기를 불어넣어 주었기 때문입니다. 그만큼 우리는 누군가의 도움 없이는 온전하게 살아가기가 불가능한 그런 세상을 살아가고 있습니다. 이는 서로가 반대 입장일 때에도 마찬가지입니다. 우리 각자에게 주어진 탈렌트Talent가 서로 다른 것은? 자신의 탈렌트로 누군가에게 도움을 주고, 타인의 탈렌트로 자신이 도움을 받으라는 하느님께서 제정하신 창조의 질서인 것입니다.

"(도움을) 청하여라, 너희에게 (도움을) 주실 것이다." [마태 7,7] 이렇게 말씀하신 예수님 자신도 십자가상 죽음을 앞두시고서, 하느님께 도움을 청하시는 모습이었습니다. "아버지께서는 무엇이든 하실 수 있으시니, 이 잔을 저에게서 거두어 주십시오." [마르 14,36] 우리의 신앙이란, 타력他力 구원을 예견하고 있습니다. 즉 나의 힘이 아닌 하느님의 권세와 능력으로 구원을 받는 모습입니다. 그래서 우리는 일상에서 하느님의 권세와 능력에 의탁하고, 그분께 도움을 청하는 자세를 갖출 수 있어야 합니다. 하느님께서는 무엇이든 하실 수 있는 분이기 때문입니다. 다만, 우리가 도움을 청할 때 다음과 같은 기도를 마지막에 꼭 덧붙일 수 있는 습관을 들여야 하겠습니다. "그러나 아버지께서 원하시는 대로 하십시오." [마태 26,39]

31

"외부로부터의 갈채만을 바라는 것은 자신의 모든 행복을 남 좋으라고 주어 버리는 짓이다."

— 올리버 골드스미스 Oliver Goldsmith

내가 어떤 일을 했는데 그 일이 다른 이들에게 감동을 주었다면, 다른 이들에게는 나를 칭찬하고 싶은 마음이 생기게 됩니다. 그리고 그 마음은 속에서 겉으로 자연스럽게 우러나오게 됩니다. 우러나온 마음이 손뼉을 치거나 소리를 지르는 행위로 표출됩니다. 이것이 '갈채喝采'입니다. 그런데 이와 같은 상황이 계속해서 반복된다면, 나 자신에게는 하나의 문제를 야기할 수 있습니다. 갈채란, 내가 오로지 다른 이들로부터만 받을 수 있는 선물이라고 착각하기 쉽다는 것입니다.

2000년대 초반에 대한민국에서 열풍을 일으키며 120만 부 이상이나 팔린 베스트셀러가 있습니다. 책의 제목은 〈칭찬은 고래도 춤추게 한다〉(켄 블랜차드Kenneth Blanchard 외 著)입니다. 여기서, 제목을 이루고 있는 문장의 앞뒤 순서를 바꾸어 봅시다. 그러면 이렇

게 바뀝니다. '고래가 춤추니 칭찬한다.' 이는, 현시대를 살아가는 인간의 행태를 풍자하는 표현이라고 생각합니다. '고래'가 '나 자신'이라면 그리고 '고래의 춤'이 '나 자신이 다른 이들에게 감동을 주는 일'이라면, 이어서 '다른 이들로부터 칭찬을 받는 것'이 올바른 순서라고 여길 수 있습니다.

하지만, 우리는 신중하게 점검해 보아야 합니다. 내가 어떤 일을 했는데 그 일이 다른 이들에게 감동을 주었다면, 내가 자신에게 주는 칭찬이 있었는지를 말입니다. 다른 이들에게서 나를 칭찬하고 싶은 마음이 생기는 것처럼, 내게도 나를 칭찬하고 싶은 마음이 생겨야 하는 건 당연하다는 뜻입니다. 다른 이들로부터 칭찬을 받으려고 기다릴 필요가 전혀 없고, 다른 이들이 칭찬해 주지 않는다고 하여 서운해할 필요가 전혀 없습니다. 내가 실행한 일에 대한 행복은, 밖으로부터 오는 것이 아니요 이미 내 안에 있기 때문입니다. 내가 먼저 나 자신을 칭찬하는 행위는, 내게 주어진 행복을 스스로가 한껏 누리는 모습이라는 점을 꼭 명심해야 하겠습니다. **"그렇게 하는 이는 사람들이 아니라 하느님께 칭찬을 받습니다."** [로마 2,29]

32

"가장 효과적인 설득은 제대로 잘사는 것이다."

— 안나 비요르크룬드 Anna Björklund

안나 비요르크룬드의 이 명언을 어떻게 해석할 수 있을까요? 누군가에게 의도하는 바를 내가 백 번 말한다고 설득이 잘되지 않으니, 내가 한 번 행동으로 보여 주면 자연스럽게 누군가를 설득하게 된다는 뜻입니다. 내가 의도하는 바를 군말 없이 단 한 번만 행동으로 보여 주는 그 자체로 누군가에게는 엄청난 효과가 있다는 것입니다.

이렇듯, 설득說得이란? 말을 하는 화자話者가 그 말을 듣고 있는 청자聽者를 두고서 자신이 원하는 방향으로 이끄는 대화법입니다. 공생활 시절에 예수님께서는 설득이라는 바로 이 대화법을 사용하십니다. 예수님(=화자)께서는 군중들(=청자)을 두고서, 천국(=화자가 원하는 방향)으로 이끄시려고 얼마나 많은 설득을 하셨나요? 어떻게 해서든지 군중들을 설득하시기 위한 예수님의 노력이 그 흔적이, 다양한 비유를 통한 여러 가르침에서 분명하게 드러나고 있습니

다. 이와 같은 예수님의 노력에도 불구하고, 군중들은 설득당하지 않았습니다. 결국 예수님은 비장의 무기를 꺼내십니다. 더 이상의 어떠한 가르침도 주시지 않고, 이내 당신의 목숨을 바치시는 행동을 과감하게 보여 주십니다.

예수님의 십자가상 죽음으로 인하여, 비로소 우리는 설득당했고 신앙의 여정에 발을 들여놓게 되었습니다. 그렇다면, 우리가 설득당한 사람처럼 그렇게 살아가고 있는지를 살펴볼 필요가 있습니다. 신앙의 여정에서 예수님께서 의도하시고 원하셨던 그 방향 그대로, 목적지인 천국을 향하여 제대로 걸어가고 있는지 말입니다. 예수님의 죽음이 결코 헛된 사건이 아니었음을, 예수님의 설득이 결코 빈말이 아니었음을, 이제는 우리가 나 자신이 간직한 신앙으로 반드시 증거할 수 있어야 하겠습니다.

──── 33

"이기적인 사람은 자기 이익을 좇는 사람이 아니라 제 이웃을 나 몰라라 하는 사람이다."

— 리차드 훼이틀리 Richard Whately

리차드 훼이틀리의 이 명언에는 숨겨진 핵심 단어가 있습니다. 그것은 바로 '관심關心'입니다. 이를 적용해서 풀이해 보면, 다음과 같은 명언이 됩니다. "이기적인 사람은 자기 '관심'을 좇는 사람이 아니라 제 이웃에 '무관심'한 사람이다." 결국 우리가 해야 할 과제는 명확해집니다. 자기 자신에게만 쏠렸던 관심이, 반드시 이웃에게로 향할 수 있어야 한다는 점입니다. 돌이켜 보면, 우리의 관심이 이웃에게로 향했던 적은 물론 있습니다. 하지만, 주로 내 마음에 드는 이웃 즉 돋보이는 이웃에게만 관심을 주었던 우리입니다.

예수님은 이러한 가르침을 주신 적이 있습니다. "너희가 이 가장 작은 이들 가운데 한 사람에게 해 준 것이 바로 나에게 해 준 것이다." [마태 25,40] 이에 '관심'이라는 단어를 똑같이 적용해서 풀이해 보면, 다음과 같은 가르침이 됩니다. "너희가 이 가장 작은 이웃들 가

운데 한 사람에게 관심을 준 것이 바로 나에게 관심을 준 것이다." 예
수님의 이 가르침을 통하여 우리가 관심을 주어야 할 대상이, '돋보
이는 이웃'보다는 '가장 작은 이웃'이어야 한다는 걸 깨닫게 됩니다.
우리는 잊지 말아야 합니다. 돋보이는 이웃처럼 가장 작은 이웃도 분
명 내 주변에서 함께 살아왔다는 것을….

　　신중하게 성찰해 보면, 우리 역시도 예수님 앞에서는 나약하고
보잘것없는, 그분에게는 가장 작은 이웃의 모습이었음을 알게 됩니
다. 이 가장 작은 이웃인 우리에게 주시는 예수님의 관심은 당신의
목숨까지도 희생하시는 지극한 관심이었습니다. 이제는 우리 차례
입니다. 우리도 예수님처럼 내 주변에서 함께 살아가고 있는 가장 작
은 이웃들을 향하여 나의 관심을 아낌없이 쏟아부어야 할 때인 것입
니다. **"쇠는 쇠로 다듬어지고, 사람은 이웃의 얼굴로 다듬어진다."**
[잠언 27,17]

34

"수치스러운 집안의 비밀을 없앨 수 없다면, 차라리 그것을 활용하는 편이 낫다."

— 조지 버나드 쇼 George Bernard Shaw

　"집안(=집)"은 내가 살아가는 공간이므로 이를 내 '인생'이라고 상정했을 때, "수치스러운 비밀"은 떳떳하지 못하여 감추고 싶은 '약점'이라고 볼 수 있습니다. 결국, "수치스러운 집안의 비밀"이란? 내 '인생의 약점'이라고 해석할 수 있습니다. 여러분의 인생에 있어서 약점은 무엇입니까? 이는 (1) 내가 이 세상에 태어나면서부터 자연스럽게 물려받은 약점일 수도 있고, (2) 내가 이 세상을 살아가다 보니 자연스럽게 생기게 된 약점일 수도 있습니다.

　우리는 내가 가진 약점을, 남들 앞에서 숨기려는 경향이 있습니다. 이 약점이 언젠가 없어지는 것이라면 마음이 편하겠지만, 없어지지 않는 치명적인 약점이라면 숨기려는 행태가 나오게 됩니다. 그렇게 하지 않으면 마음이 불편해져서 그렇습니다. 이유가 무엇일까요? 자신의 약점을 스스로 인정하거나 받아들이지 못하기 때문입니

다. 그런데 여기서 우리가 명심해야 할 사항이 있습니다. 무엇보다도 나 자신이 가진 약점을 먼저 인정하고 받아들일 수 있어야 한다는 점입니다. 자신의 약점을 스스로 인정하고 받아들이는 그 순간부터, 약점은 이제 인간관계에서 활용할 수 있는 것이 됩니다.

　내가 약점을 더 이상 숨기지 않고 누군가에게 솔직하게 이야기할 수 있다면, 약점을 드러내는 것만으로도 스스로를 가두어 두었던 굴레를 벗어나 자유로워질 것입니다. 그리고 자유로워지니 약점에 얽매이지 않게 되어, 약점을 보완하는 새로운 시도를 할 수 있게 됩니다. 오늘 하루를 보내면서, 나의 약점은 무엇인지, 나는 그 약점에 대하여 어떻게 대처하고 있는지 자세히 성찰해 보길 바랍니다. "나 자신에 대해서는 내 약점밖에 자랑하지 않으렵니다." [2코린 12,5]

35

"매너란 상대방이 받을 느낌을 예민하게 깨닫는 것이다. 이로써 당신은 어떤 포크를 쓰든 훌륭한 매너를 가진다."

— 에밀리 포스트 Emily Post

내가 누군가를 만날 때, 우리는 자신의 감정에 집중할 때가 많습니다. 그런데, 만남에서 중요한 것은? 자신보다 지금 내가 만나고 있는 상대방이라는 점을 잊어서는 안 됩니다. 다시 말하면, 자신보다 상대방에게 더 집중해야 하고 나아가 자신의 감정보다 상대방의 감정에 더 집중해야 한다는 뜻입니다. 이유는? 상대방이 나를 위해서 소중한 시간을 투자한 셈이기 때문입니다.

이는, 입장을 바꾸어 생각해 보아도 마찬가지입니다. 나 역시도 상대방을 위해서 소중한 시간을 투자한 셈이기 때문입니다. 그래서 누군가가 나를 만날 때, 상대방도 자신보다 나에게 더 집중할 것이요 나아가 자신의 감정보다 나의 감정에 더 집중할 것입니다. 이것이 '만남의 공식'이요 곧 서로에 대한 '매너Manner'라고 볼 수 있습니다.

예수님의 공생활 시절을 떠올려 보면, 그분은 언제나 만나고 있는 상대방에게 그리고 상대방의 감정에 집중하시는 모습이었습니다. 심지어 상대방이 무엇을 원하는지 그 마음속에 들어 있는 것도 이미 알고 계셨습니다. 요한 복음사가福音史家가 이를 증언하고 있습니다. "사실 예수님께서는 사람 속에 들어 있는 것까지 알고 계셨다." [요한 2,25] 우리는 신앙생활을 하면서 예수님과의 만남을 이어가고 있습니다. 우리에게 주어진 과제는? (예수님과의 만남에서) 자신보다 그분에게 더 집중하고, 자신의 감정보다 그분의 감정에 더 집중하는 노력입니다. 이렇듯 우리가 예수님이 무엇을 원하시는지 그 마음속에 들어 있는 것을 잘 헤아릴 수 있을 때, 신앙생활에서 나 자신이 해야 할 일이 분명하게 드러날 것입니다. 앞으로 우리가 훌륭한 매너를 가진 신앙인이 되기를 두 손 모아 기도합니다.

36

"직면한다고 해서 모든 것이 바뀌는 것은 아니지만, 직면하기 전에는 아무것도 바꿀 수 없다."

— 제임스 볼드윈 James Baldwin

제임스 볼드윈의 이 명언은, '직면直面'이라는 단어를 '대면對面'이라는 단어로 바꾸어서 생각해 보면 이해하기가 쉽습니다. 포스트 코로나Post Corona 시대를 살아가고 있는 우리에게, '대면'이라는 단어는 매우 익숙합니다. 코로나 바이러스에 익숙지 못하여 대처하기 어려웠던 기억을 깊이 새기고 있는 우리입니다. 바이러스의 확산세가 증가했던 이 사태로 인하여, 우리는 '비대면'으로 생활을 이어 왔고 피치 못할 사정 때문에 '대면'을 해야 하는 상황에서는 '거리 두기'를 단계별로 시행해 왔습니다.

신앙생활이란, 하느님과의 관계에서 내가 그분과 '대면'을 하는 것이라고 볼 수 있습니다. 하느님을 모시려면 우선적으로 그분을 마주해야 하는 것은 물론이요, 오직 그럴 때만이 비로소 그분과 일치와 친교를 이룰 수 있기 때문입니다. 그런데 만일 신앙인이 하느님과

의 관계에서 '거리 두기'를 시행한다면 어떻게 될까요? '거리 두기'가 지속이 되어 습관이 된다면, 이는 결국 '비대면'으로 이어질 수가 있습니다. 하느님과의 관계에서 '비대면'이란, 냉담冷淡을 뜻하는 것입니다.

하느님과의 관계가 소원해져서 그분과 '거리 두기'를 시행하고 있는 신앙인들, 하느님을 잊고서 '비대면'으로 냉담을 이어 가고 있는 신앙인들이 참으로 많습니다. 일단 성당에 나와서 하느님을 '대면'으로 마주하는 노력이 없다면, 이 생활에서 아무것도 바꿀 수 없고 아무것도 바뀌지 않는다는 것을… 그들 모두가 깨달을 수 있기를 간절히 기원하며 함께 기도했으면 좋겠습니다. 또한 그동안 나 자신에게도 이러한 모습은 없었는지 자세히 되돌아보아야 하겠습니다.

37

"가문, 인맥, 일가친척, 혹은 가족 등 어떤 말로 부르더라도 상관없다. 어떤 존재라도 그것은 우리에게 필요하다."

— 제인 하워드 Jane Howard

　　우리는 사람입니다. 사람에게 있어서 가장 필요한 것은 무엇일까요? 사람이라는 단어 자체에 이미 그 정답이 있습니다. 사람을 뜻하는 한자어 '人사람 인'의 글자 형태를 보면, 두 사람이 서로 기대고 있는 모습입니다. 두 사람이 서로 기대고 있는 모습에서, 어느 한쪽이 올바로 기대지 못하거나 또는 어느 한쪽이 올바로 받치지 못하면 어떻게 될까요? 그 형태가 무너져 버려서, '人사람 인'은 이내 '一한 일'로 바뀔 것입니다. 두 사람이 함께 있어도 마치 한 사람이 홀로 있는 모습과 같은 상황이 되어 버린다는 뜻입니다. 정리하자면 이렇습니다. 사람이란, 자신이 온전히 기댈 수 있고 또한 자신에게 온전히 기댈 수 있는 누군가가 반드시 있어야 하고 필요하다는 것입니다.

　　가문이든 인맥이든 일가친척이든 혹은 가족이든 그 어떤 말로 부르더라도 상관없이, 사람에게는 사람이 필요하다는 것입니다. 삼

종三鍾 기도를 보면, 다음과 같은 내용이 나옵니다. "성자께서 '사람이 되심'을 알았으니~" 성자이신 예수님께서 사람이 되심은, 일단 '사람(=예수님)'으로서 '사람(=나)'이 필요하셨다는 의미로 해석할 수 있습니다. 즉, 예수님이 나를 필요로 하셨기에 천상에서 지상으로 강생降生하시는 특별한 의의를 지니게 되는 것입니다. 바로 이 전무후무前無後無한 신비로운 사건이 '성탄聖誕'입니다.

예수님께서는 내가 당신께 기댈 수 있도록 이 세상에 태어나십니다. 그리고 예수님께서는 당신이 나에게 기대시려고 이 세상에 태어나십니다. 해마다 성탄을 맞이하고 있는 우리는 깊이 성찰해 보아야 하겠습니다. (서로를 필요로 하는 관계 안에서) 나는 예수님께 무엇을 기대고 의지하며 바랄 것인지…. 예수님께서 나에게 기대시고 의지하시며 바라시는 뜻이 무엇일지….

"청하지 않으면 많은 것을 잃는다."

— 영국 격언

'청하는 것'은? 내가 무언가를 얻기 위하여 누군가에게 '부탁'을 하는 행위를 뜻합니다. 그 무언가는… 내가 필요로 하는 물질적인 것일 수도 있고, 목표로 하는 일에 대한 성취일 수도 있습니다. 부탁을 하는 행위는 우리에게 대단히 이롭습니다. 왜냐하면, 누군가의 도움을 받을 수 있기 때문입니다. 누군가의 도움으로 인하여, 내가 무언가를 얻을 가능성은 커집니다. 내가 필요로 하고는 있지만 그동안 소유하지 못했던 것을 소유할 수 있다면, 내가 목표로 하고 있지만 그동안 이루지 못했던 것을 이룰 수 있다면… 우리는 반드시 누군가에게 부탁을 해야만 하는 인생을 살아가고 있는 것입니다.

신앙생활도 마찬가지입니다. 우리는 반드시 예수님께 부탁을 해야만 하는 신앙을 살아가고 있습니다. 이를 염두에 두고서, 예수님께서는 다음과 같은 진리를 설파하십니다. "청하여라, 너희에게 주실

것이다."[루카 11,9] 이 진리를 저는 새롭게 해석하고 싶습니다. "(끊임없이) 청하여라, 너희에게 (가능성을 키워) 주실 것이다." 내가 예수님께 끊임없이 청할 때, 내가 필요로 하는 무언가를 소유할 수 있고 목표로 하는 무언가를 이룰 가능성도 상당히 커지는 것입니다. 그러한 의미에서, 나의 구원 역시도 예수님께 끊임없이 청할 때 그 가능성도 점점 커져갈 것입니다.

앞으로도 우리가 매사에 예수님께 의탁하는 모습으로 신앙생활을 이어 가는 가운데, 내가 예수님께 올리는 청이 절대로 중단되지 않기를… 내가 예수님께 올리는 청이 그분의 뜻에 합당한 청이 되기를….

39

"네 안에 있는 보석, 친절을 잘 보호하라. 망설임 없이 주고, 후회 없이 잃고, 인색함 없이 얻어라."

— 조지 샌드 George Sand

　　사람이라면 누구나가 고객의 입장이 되면, 음식 메뉴를 선정할 때 신중한 모습을 보입니다. 특히나 음식점의 사장님이나 종업원들의 친절도는 매우 중요합니다. 음식 자체가 아무리 맛이 있다고 하더라도, 그 음식점의 사장님이나 종업원들이 불친절하다면 어떨까요? 고객은 그 음식점을 다시는 방문하지 않을 것입니다. 다른 음식점들이 셀 수도 없이 많기 때문입니다. 여기서 끝나는 것이 아니라, 그 음식점에 대한 고객의 평가는 나쁠 것이니 소문은 급속도로 퍼지게 될 것입니다. 그런데 우리가 그동안 음식점을 방문했을 때, 나 자신은 과연 고객으로서 사장님이나 종업원들에게 얼마나 친절했었는지를 되돌아볼 필요가 있습니다.

　　조선 시대에는 천민인 노비보다 사회적인 인식이 좋지 않았던 계층이 있었으니, 그 계층은 바로 '백정白丁'입니다. 백정은, 식용 동

물을 잡고서 해체하여 파는 일을 했던 도축업자였습니다. 외딴 마을에 있는 한 푸줏간에 두 명의 고객이 찾아왔습니다. 먼저 들어온 고객은, '불친절하게' 거칠고 사나운 말투로 말했습니다. "어이~ 백정아~ 여기에 고기 한 근 대령해라!" 푸줏간의 주인은 말없이 고기 한 근을 정확하게 달아서 내어놓았습니다. 다음으로 들어온 고객은, '친절하게' 부드럽고 상냥한 말투로 말했습니다. "실례하겠소~ 박 서방~ 여기에 나도 고기 한 근 주시면 고맙겠소." 푸줏간의 주인은 말없이 고기 한 근을 내어놓았는데, 넉넉히 두 근은 되어 보이는 것이었습니다.

그러자 먼저 들어온 고객은, 이내 얼굴을 붉히고 화를 내면서 물었습니다. "이럴 수가! 똑같이 한 근 값을 냈는데⋯ 어떻게 양이 다를 수가 있느냐!" 이에 푸줏간의 주인은, 다음과 같은 대답을 했다고 합니다. "어르신~ 어르신께 드린 한 근은 백정이 드린 한 근이고, 저 어르신께 드린 한 근은 박 서방이 드린 한 근입니다." 집회서에서는 '친절'에 관하여 중요한 가르침을 줍니다. "내가 친절을 포도 순처럼 틔우니 나의 꽃은 영광스럽고 풍성한 열매가 된다." [집회 24,17] 신앙인으로서 베푸는 친절은, 나 자신을 아름다운 꽃처럼 영광스럽게 하고 무르익은 열매처럼 성숙하게 만들어 줄 것입니다. 우리 모두, 매사에 친절한 신앙인이 됩시다!

40

"누군가를 위해 시간과 돈을 쓰는 것은 단순히 시간과 돈을 주는 것보다 훨씬 낫다."

— 헨리 포드 Henry Ford

헨리 포드의 이 명언은 저에게, 공생활 시절의 예수 그리스도를 떠오르게 만듭니다. 예수 그리스도에게 '시간'과 '돈'이란 어떠한 의미를 지니고 있었을까요? '시간'은 그분께서 살아가셨던 순간들이요, '돈'은 그분이라는 존재의 가치를 뜻합니다. 돌이켜 생각해 보면, 예수 그리스도의 '시간과 돈'은 그 전부가 인류를 향하여 있었으니… 이는 결국 예수 그리스도의 '목숨'이었던 것입니다.

"누군가를 위해 시간과 돈을 쓰는 것은 단순히 시간과 돈을 주는 것보다 훨씬 낫다." 이 명언에서 '누군가'를 '인류'로 '시간과 돈'을 '목숨'으로 바꾸어 보면, 다음과 같은 새로운 명언이 됩니다. "인류를 위해 목숨을 쓰는 것은 단순히 목숨을 주는 것보다 훨씬 낫다." 먼저, (1) 예수 그리스도는 인류를 위해 목숨을 쓰십니다(=바치십니다). 다음으로, (2) 예수 그리스도는 인류를 위해 목숨(=영생永生)을 주십니다.

인류가 목숨(=영생)을 얻을 수 있었던 것은, 예수 그리스도가 먼저 목숨을 쓰셨기(=바치셨기) 때문입니다. 예수 그리스도의 희생 그 결과물은 목숨이며, 이 목숨이란 나에게 얼마나 소중한 것인가를 되새겨 보아야 하겠습니다. 그렇다면, 나는 과연 예수 그리스도를 위해 무엇을 쓸 것입니까? "제 목숨을 당신 손에 맡기니 주 진실하신 하느님, 당신께서 저를 구원하시리이다." [시편 31,6]

41

"의식적이든 무의식적이든 자신의 철학은 궁극적인 해석에 달려 있다. 그러므로 자신의 주관적인 원칙을 최대한 객관적으로 인식하는 것이 현명하다."

— 카를 융 Carl Jung

〈개인 브랜드 성공 전략〉(신병철 著)이라는 책을 보면, 흥미로운 내용이 나옵니다. 사람은 누구나가 자신이 지닌 능력에 대하여 남들이 생각하는 것보다는 더 뛰어나다고 판단하는 경향이 있다고 합니다. 비록 현실에서는 50점 정도의 성과를 내는 사람도 그것은 환경 탓이니, 자신이 지닌 능력이 100점이기 때문에 기회만 주어진다면 크게 성공하리라고 착각한다는 것입니다. 내가 바라보는 나 자신보다는 남들이 바라보는 나 자신이 정확한 편인데 말입니다. 이는 내가 나 자신을 두고서 내리는 평가가 실제보다는 더 과대평가가 되기 때문이라고 합니다.

인생에 있어서 나 자신만의 주관적인 원칙이 있다면, 이를 최대한 객관적으로 인식하는 습관은 매우 중요합니다. 내가 뜻을 굳혀버린 이 원칙이라는 것이, 실제로는 틀린 것일 수 있기 때문입니다.

그래서 우리는 모든 자존심을 내려놓고서 남들이 제시하는 조언에 대하여 신중하게 귀를 기울일 필요가 있습니다. 남들이 제시하는 조언을 통하여 나 자신을 제대로 평가하게 된다면, 우리는 훗날 엄청난 성장을 이루게 될 것입니다.

누구에게나 조언을 구할 수 있는 현명한 신앙인이 되도록, 앞으로 부단하게 노력하길 바랍니다. 여러분 자신을 위해서…. "**현명한 사람이면 누구에게나 조언을 구하고, 유익한 것이면 무슨 조언이든지 소홀히 여기지 마라.**" [토빗 4,18]

─── *42*

"외부에서 오는 격려도 좋지만, 그것이 반드시 외부에서 와야 할 필요는 없다."

— 블라디미르 츠보리킨 Vladimir Zworykin

'격려'라는 이 행위는 우리 모두가 소유하고 있는 것입니다. 우리가 이 행위를 과연 하루에 얼마큼이나 사용할 수 있는 건가요? 횟수가 정해져 있나요? 결코 소모적이지 않다는 걸 우리는 이미 잘 알고 있습니다. 하루에 몇 번이라도 계속해서 사용이 가능하며, 나아가 하루든 이틀이든 사흘이든 나흘이든 얼마든지 사용이 가능하다는 뜻입니다. 이렇듯 내가 마음이 내킬 때마다 베풀 수 있는 행위인 격려….

'격려'라는 행위는 '용기'라는 덕목과 아주 밀접한 연관이 있습니다. 내가 격려를 베풀었을 때 그 격려를 받은 누군가에게는 잠재되어 있었던 용기가 샘솟기 시작합니다. 용기란 그에게 엄청난 변화를 가져올 수도 있습니다. 때로는 불가능해 보이던 일도 가능하게 만드는 것이 바로 용기이기 때문입니다. 그렇다면 용기라는 덕목의 원동력

인 격려라는 이 행위에 우리가 집중할 필요가 있습니다.

만일 내가 소유하고 있는 격려라는 이 행위가 다른 누군가를 향하는 것이 아닌, 나 자신을 향하게 된다면 어떨까요? 내가 다른 누군가를 격려하는 것이 아닌, 내가 나 자신을 격려하게 된다면요? 이는 지혜로운 처신입니다. 다른 누군가가 나에게 격려를 베풀어 주기를 한없이 기다릴 필요가 전혀 없다는 뜻입니다. 평소 우리가 과감하게 용기를 내지 못하고 또 그 용기를 발휘하지 못하는 이유는, 나에게 스스로에 대한 격려가 없기 때문인 것은 아닐까요? "그는 (…) 방패와 창보다는 훌륭한 격려의 말로 무장시켰다." [2마카 15,11]

43

"저항은 고통과 피로를 초래한다. 그러나 받아들이는 태도는 새로운 가능성을 가져다준다."

― 화자 미상

자석은, 한쪽은 N극으로 한쪽은 S극으로 이루어져 있습니다. 그런데 자석은 다른 자석을 만날 때, (같은 극끼리는) 늘 서로를 밀어내고 (다른 극끼리는) 늘 서로를 끌어당기는 성질이 있습니다. 만일 자석을 인격화시킨다면, 인간은 N이라는 성향과 S라는 성향 이렇게 두 가지의 성향을 모두 갖추고 있는 모습일 것입니다. 여기서 N은 "No!"라고 외치며 저항하는 성향을, S는 "Sure!"라고 외치며 수용하는 성향을 가리킵니다.

누군가가 나에게 다가와서 N이라는 성향을 드러내며 "No!"라고 외칠 때, 나도 상대방에게 똑같이 N이라는 성향을 드러내며 "No!"라고 외치면… 이는 서로를 저항하며 밀어내는 모습이 됩니다. 그렇다면 상대방을 수용할 방법은 무엇일까요? 누군가가 나에게 다가와서 N이라는 성향을 드러내며 "No!"라고 외친다 하여도, 나는 상대방

에게 반대로 S라는 성향을 드러내며 "Sure!"라고 외치면… 이는 내가 상대방을 수용하는 모습이 됩니다. 즉 상대방을 나에게 자동으로 끌어당길 수 있는 것입니다. 이렇듯 내가 일단 상대방을 수용하면 그를 변화시킬 수 있는 새로운 가능성이 창출됩니다.

집회서에는 중대한 가르침이 나옵니다. "**주님을 경외함은 수용의 시작이다.**" [집회 19,18] 먼저 나 스스로가 주님을 공경하면서 그분을 두려워하는 마음을 지니는 자세가, 누군가를 기꺼이 수용할 수 있는 에너지를 가져다준다는 뜻입니다. 우리가 누군가를 수용하기 어려운 이유는, 평소 내가 주님을 경외하는 마음을 지니지 못해서 그런 것은 아닐까요?

———— *44*

"수긍이 가지 않는 비판일 수도 있지만, 비판은 필요하다. 이것은 몸에 오는 통증과 같은 역할을 한다. 그것은 건강하지 못한 부분에 정신을 집중하게 한다."

— 윈스턴 처칠 Winston Churchil

노벨 문학상을 받았던 윈스턴 처칠은, '비판'에 관하여 중요시한 인물입니다. 제주도에서 바닷'바람'을 맞으면서 처칠의 명언을 보고 있노라니, 저에게 문득 떠오르는 작품 하나가 있습니다. 그 작품이란? 〈인간적인 너무나 인간적인〉(프리드리히 빌헬름 니체Friedrich Wilhelm Nietzsche 著)이라는 책입니다.

이 책을 보면, 니체는 '비판'을 가리켜 '바람'이라고 이야기합니다. 비판이라는 바람이 불어오지 않는 폐쇄적인 장소에서는, 곰팡이와도 같은 부정과 부패가 피어나서 거침없이 자란다고 합니다. 눅눅한 장소를 건조시켜 더러운 균을 억제하고 청결하게 만드는 바람의 역할은 매우 중요한 것입니다. 그는 심지어 바람이 인간에게 필요하듯이, 비판을 쉬지 않고 들을수록 인간에게 이롭다는 조언도 덧붙입니다.

정의로우신 메시아Messiah였던 예수님께서도 공생활 시절에, 고위 계층에 있었던 이들(율법학자+바리사이파+사두가이파 등)을 비판하시면서 그들의 태도를 낱낱이 지적하십니다. 그들이 머무는 장소마다 부정과 부패라는 곰팡이가 피어나서 거침없이 자라게 되었지만, 그 장소에 찾아가시어 비판이라는 바람을 불러 일으키셨던 예수님의 처신을 묵상해 봅니다. 교회 공동체의 쇄신刷新이란, 정의를 추구하는 모습을 가리킵니다. 여러분, 오늘도 내가 머무는 바로 그 자리(=장소)에서 바람을 불러일으키는 '신바람 나는 신앙인'이 되길 기원합니다.

45

"몸을 건강하게 지키는 것은 의무다. 그렇지 않으면 정신을 강인하고 맑게 지킬 수 없다."

— 석가모니 *釋迦牟尼*

우리는 바이러스가 돌고 도는 포스트 코로나 시대를 살아가고 있습니다. 바이러스 전염이 만연한 이 시대에 자기 몸을 건강하게 보존하기란 쉽지 않습니다. 사실 사회의 구조적인 면에 그 원인이 있습니다. 사회는 사람과 사람이 더불어 살아가는 공동체입니다. 그래서 누구에게나 누군가를 대면해야만 하는 상황이 예기치 않게 찾아옵니다. 대면이 불가피한 상황이라면, 몸을 건강하게 만드는 자신의 노력은 한순간의 실수로 인하여 수포로 돌아갈 수도 있습니다.

그러나 잘 생각해 보면, 우리 신앙인들은 이러한 위기를 기회로 삼을 수 있습니다. 예수님께서는 기도할 때 비대면으로 하라는 말씀을 익히 하신 적이 있기 때문입니다. "너는 기도할 때 골방에 들어가 문을 닫은 다음, 숨어 계신 네 아버지께 기도하여라." [마태 6,6] 굳이 내가 남들에게 드러나지 않는 때와 장소에서 기도하라는 예수님

의 당부는, 바이러스 전염이 만연한 이 시대를 살아가는 우리에게 희망적인 말씀으로 다가옵니다. 이어서 다음과 같은 예수님의 또 다른 당부가 떠오릅니다. "깨어 있어라!" [마태 25,13] 깨어 있으라는 그분의 당부를 저는 이렇게 해석하고 싶습니다. "정신을 차리고 있어라!"

우리는 누군가와 대면하지 않는 상황에서도, 가급적 자기 몸을 건강하게 돌보는 습관을 들일 필요가 있습니다. 마치 우리가 비대면인 상황에서도 기도에 매진할 수 있는 것처럼 말입니다. 우리가 자기 몸을 건강하게 유지해야 하는 이유는, 몸이 정신을 담고 있는 껍데기이기 때문에 그렇습니다. 내 몸을 먼저 건강하게 지키는 것이, 정신마저 건강하게 지킬 수 있는 시작이라는 것을 명심하길 바랍니다. '정신'을 차리고 기도하는 행위란, 비대면인 상황에서도 내 '몸'을 먼저 건강하게 돌보는 가운데 실행해야 할 신앙인의 자세임을 기억해야 하겠습니다.

46

"정신이 맑을 때 결정 내리는 습관을 들여라. 우중충한 기분에 끌려 다니는 것은 겁쟁이에게 군대의 지휘권을 맡기는 것과 같다."

— 찰스 호톤 쿨리 Charles Horton Cooley

어느 중대한 사안에 관하여 우리가 결정을 내려야 하는 상황이 라면, 결정을 내리는 순간 내 정신이 어떠한 상태인지가 매우 중요 합니다. 예를 들어, 정신이 없거나 정신이 나갔을 때 결정을 내린다 면⋯ 결정을 내린 그 사안이 의도치 않게 흘러가거나 희망했던 바와 는 다른 절망적인 결과를 초래할 수도 있습니다. 이는 정신이 맑지 못한, 즉 정신이 탁한 상태에서 결정을 내렸기 때문입니다. 그런데 우리는 결정을 내리는 매 순간, 내 정신이 어떠한 상태인지를 먼저 점검해야 하는 이 과정을 생략하는 경우가 허다합니다. 내 정신이 옳 은 결정을 내릴 만큼 맑은지⋯ 내 정신이 그른 결정을 내릴 만큼 탁 한지⋯ 서둘러서 결정을 내려야 한다는 강박 관념에 사로잡혀 있으 면, 내 정신의 상태를 파악하지 못한 채 결정할 것이기 때문입니다.

시대의 흐름에 따라서 자주 사용되는 언어적 표현 양식을 '이디

엄Idiom'이라고 합니다. 이디엄은 익혀 두지 않으면 전혀 해석이 안되는 표현이기도 합니다. 영어에서 'in the cold light of day'라는 이디엄이 있습니다. 무슨 뜻일까요? 해석하면, '정신이 맑을 때'라는 뜻입니다. 저의 개인적인 소견으로 분석해 보면 이렇습니다. (1) 'of day'는? '낮에' 즉 내가 깨어 있는 시간에. (2) 'in the cold light'는? '차가운 햇살 안에서' 즉 구름을 관통하여 나오는 빛은 따스하지 않고 차가우니 그 안에 머무는 상태로. 이를 종합해 보면… (1) 낮에 (2) 차가운 햇살 안에 머무는 상태이니, 결국 (1) 내가 깨어 있는 시간에 (2) '정신이 맑을 때'를 뜻한다고 볼 수 있습니다.

1370년경에 영국에서 수도 생활에 매진했던 한 무명의 그리스도인이 저술한 〈무지의 구름the Cloud of Unknowing〉이라는 책이 있습니다. 이 책에서는, 하느님과 인간의 사이를 가로막고 있는 구름에 대해 알려 주고 있습니다. 하느님이 빛이라면, 낮에 그 빛이 구름을 관통하여 인간을 비추고 있는 모습을 상상해 볼 수 있습니다. 빛이 구름을 관통하기에 그 빛은 차가운 빛이 됩니다. 차가운 빛이기에 그 빛에 인간은 정신이 바짝 들어서 이내 정신이 맑아지는 것입니다. 마찬가지로, 신앙의 여정에서 우리가 하느님께로 향해 있는 모습은? 깨어 있는 시간이고 정신이 맑아지는 상태인 것입니다. 우리가 신앙인으로서 어느 중대한 사안에 관하여 스스로 결정을 내려야 하는 상

황이라면, 반드시 기도하는 시간을 마련하여 하느님을 향해 있는 자세가 그리고 그 습관이 얼마나 중요한 것인가를 되새겨 봅니다. 세상만사를 돌보시는 하느님께 의탁하고 그분의 뜻에 집중하는 시간이, 우리가 매사에 지혜롭게 결정할 수 있는 영적인 에너지가 될 것입니다. 하느님은 지혜의 원천이시기 때문입니다. "내가 기도하자 나에게 예지가 주어지고 간청을 올리자 지혜의 영이 나에게 왔다." [지혜 7,7]

47

"우리 몸은 정원이다. 우리 의지는 정원사다."

— 윌리엄 셰익스피어 William Shakespeare

정원에는 다양한 종류의 꽃들과 수목들이 있습니다. 그런데 정원에 있는 이 꽃들과 수목들이 성장하는 과정을, 두 가지의 경우로 구분해 볼 수 있습니다. 하나는 '자연'이 스스로 가꾸는 경우이고, 다른 하나는 '정원사'가 직접 가꾸는 경우입니다.

(A) '자연'이 스스로 가꾸는 경우: 꽃들과 수목들이 알아서 성장할 수는 있겠지만, 올바르게 성장할지는 미지수입니다. 제멋대로 성장할 것이기에 정리된 모습이 아닐뿐더러, 꽃들끼리 수목들끼리 뒤엉켜서 서로가 성장에 방해를 줄 수 있기 때문입니다. 또한, 꽃들과 수목들이 안전하게 보존될 가능성이 작습니다. 예기치 못한 상황에서, 자연재해로 혹은 그밖에 외력으로 인하여 꽃들과 수목들이 방치된 상태로 언제든 해를 입을 수 있기 때문입니다. (B) '정원사'가 직접 가꾸는 경우: 꽃들과 수목들이 올바르게 성장할 수 있습니다. 필요

한 영양분을 공급받을 수 있고, 성장에 방해가 되지 않는 정리된 모습으로 깔끔하게 다듬어질 것이기 때문입니다. 또한, 꽃들과 수목들이 안전하게 보존될 가능성이 큽니다. 예기치 못한 상황에 대비하여, 자연재해나 혹은 그밖에 외력이 주는 피해를 방지할 수 있도록 꽃들과 수목들에 지주목을 세우거나 그 주변에 울타리를 설치할 것이기 때문입니다.

　　우리가 자기 몸을 그대로 내버려 둔다고 할지라도 성장은 하겠지만, 성장하는 가운데 자기 몸을 가꾸는 것은 얼마나 중요한 일인가요? 윌리엄 셰익스피어는 다음과 같은 가르침을 주고 있습니다. "우리 몸은 정원이다. 우리 의지는 정원사다." 여기서 '정원이라는 자기 몸'을 가꾸는 것이, '의지라는 정원사'임을 깨닫게 됩니다. 의지意志란, 의식적인 행동을 하게 만드는 내적인 욕구를 뜻합니다. 우리가 자기 몸을 가꾸어야 한다는 마음을 먹고서 필요한 일들을 계획하는 의지가 있다면, 의지라는 이 내적인 욕구를 추진하는 과감한 태도가 요구되는 것입니다. 언제나 굳은 의지를 지니고 살아가며, 내 몸을 아름답게 가꾸는 참신앙인이 되어야 하겠습니다.

48

"몸에 좋은 것은 몸이 해야 하고, 마음에 좋은 것은 마음이 해야 한다. 하지만 몸과 마음에 좋은 것은, 둘 중 하나가 다른 하나를 위하는 것이다."

— 헨리 데이비드 소로 Henry David Thoreau

"몸과 마음에 좋은 것은, 둘 중 하나가 다른 하나를 위하는 것이다." 헨리 데이비드 소로의 이 명언을, 저는 다음과 같이 풀이하고 싶습니다. "몸과 마음에 좋은 것은, 둘 중 마음이 몸을 위하는 것이다." 마음이 몸을 위하면 몸과 마음 모두에 좋다는 걸 어떻게 설명할 수 있을까요? 이를 의학적으로 아래와 같이 분석해 볼 수 있습니다.

'플라시보 효과Placebo Effect'란? 의사가 가짜 약이나 꾸며낸 치료법을 환자에게 제안했는데, 환자의 긍정적인 마음으로 인하여 몸에 치유를 일으키는 현상을 말합니다. 반대로, '노시보 효과Nocebo Effect'란? 의사가 진짜 약이나 제대로 된 치료법을 환자에게 제안했는데, 환자의 부정적인 마음으로 인하여 몸에 효력이 떨어지는 현상을 말합니다. (플라시보 효과든 노시보 효과든) 이처럼 약이나 치료

법의 진위 여부를 떠나서, 환자가 '마음을 어떻게 먹느냐에 따라 그 몸이 영향을 받는다'라는 것을 알 수 있습니다.

　　불교의 가르침 가운데 '일체유심조一切唯心造'라는 용어가 있습니다. 이는 '모든 것은 오로지 마음이 지어내는 것'임을 뜻하는 말입니다. 결국 마음이 지어내는 것 즉 마음을 어떻게 먹느냐에 따라, 몸의 처신이 결정되어 좋은 결과 혹은 나쁜 결과가 초래된다는 걸 유추해 볼 수 있습니다. 마찬가지로 (신앙의 길 위에서) 우리가 마음을 어떻게 먹느냐에 따라, 내 몸이 희망 가득히 그 길을 걸어갈 수도 있고 혹은 내 몸이 절망 가득히 그 길에 주저앉을 수도 있는 것입니다. 긍정적인 마음을 갖는다면 몸을 힘차게 만드는 원동력이 될 수 있을 것이요, 부정적인 마음을 갖는다면 몸을 힘 빠지게 만드는 부동력이 될 수 있을 것이니… 마음이 몸을 위하는 이 계획은 신앙인에게 있어서 매우 중요하다고 볼 수 있습니다. 예수님께서는 언제나 나를 희망의 길로 초대하시고 그래서 나를 천국으로 인도하고자 하십니다. 예수님의 초대와 인도에 여러분은 과연 어떠한 마음가짐으로 임하고 있습니까?

49

"몸동작은 한 사람의 신체, 정서, 그리고 정신 상태에 변화를 가져다 주는 약이다."

— 캐럴 웰치 Carol Welch

　　농촌에 가면 논밭에 허수아비가 서 있는 것을 어렵지 않게 발견할 수 있습니다. 허수아비는 가만히 서서 논밭에 심어져 자라는 곡식을 새나 짐승 따위로부터 보호해 주는 역할을 합니다. 그런데, 실제로 허수아비가 제구실을 못 하는 경우가 있습니다. 새나 짐승 따위가 허수아비를 두고서 자신을 해치지 않는 장식에 불과하다는 걸 알아차리게 되면, 이내 허수아비는 무용지물無用之物이 되기 때문입니다. 이유가 무엇일까요? 허수아비는 어떠한 동작도 없이 가만히 서 있기 때문입니다. 그래서 영리한 농부는 움직이는 허수아비를 제작하기 시작했습니다. 가만히 서 있지 않고 부단하게 움직이는 허수아비는, 논밭을 지키고 있다는 걸 보여 주는 이 행위로 곡식을 파괴자로부터 보호하는 것입니다.

　　이와 같은 상황을 신앙적인 관점에서 분석해 볼 필요가 있습니

다. 우리는 세례洗禮 때에 내 마음의 밭에 신앙의 씨앗을 심었습니다. 이 씨앗에서 싹이 트고 줄기가 자라고 잎과 꽃을 피우고 열매를 맺게 됩니다. 다시 말하면, 내 마음의 밭에는 신앙이라는 영적인 곡식이 자라는 것입니다. 그런데 밭의 주변에는 늘 파괴자가 도사리고 있습니다. 악의 세력이 우리가 가꾸는 밭을 망치고 해를 끼치려고 기회를 엿보고 있다는 것입니다. 그렇다면, 우리는 내 마음의 밭에 심어진 신앙이라는 이 영적인 곡식을 파괴자로부터 지키는 수호자 허수아비가 되어야 합니다.

　나는 '가만히 서 있는 허수아비' 즉 수동적인 신앙인입니까? 반대로, '부단하게 움직이는 허수아비' 즉 능동적인 신앙인입니까? 악의 세력이 내 마음의 밭을 파괴하고 있는 것을 언제까지 가만히 서서 바라만 보고 있을 것입니까…. 마음을 지키는 것은 몸입니다. 성당에 가야겠다는 마음만 먹고, 기도를 바쳐야겠다는 마음만 먹고, 복음을 이루어 나가야겠다는 마음만 먹고, 봉사와 선행을 실천해야겠다는 마음만 먹는다고 신앙이 보존되는 것은 절대 아닙니다. 내가 마음을 먹은 그대로 몸이 따르고 있는지 신중하게 성찰해 보아야 할 것입니다. 내 마음의 밭에서 악의 세력을 경계하는 가운데 이제는 부단하게 움직이는 허수아비가 되어야 하겠습니다. 신앙이라는 이 영적인 곡식이 성성한 열매를 맺는 그날까지…. 오늘도 예수님께서는 모든

신앙인을 향하여 다음과 같은 일침을 가하십니다. "마음은 간절하나 몸이 따르지 못한다." [마르 14,38]

50

"나뭇잎이 무성한 가지가 없으면 해를 탓하기 전에 자신을 꾸짖어라."

— 중국 격언

이 격언을 자세히 살펴보면, '변하는 것'과 '변하지 않는 것'이 있음을 알게 됩니다. (A) 변하는 것은? 가변적인 것으로, 나무가 그렇습니다. 인간이 정성을 가지고 나무를 잘 가꾸게 되면, 나뭇가지에 나뭇잎은 무성하게 자랄 것입니다. (B) 변하지 않는 것은? 불변적인 것으로, 해가 그렇습니다. 인간의 정성과는 상관 없이, 해는 365일 내내 알아서 뜨고 알아서 집니다. 그렇다면, 우리가 정성을 들여서 신경을 써야 할 것이 무엇인지가 명확해집니다. 바로 변하는 것이라는 점입니다. 다시 말하면, 변하지 않는 것에는 신경을 쓸 필요가 전혀 없다는 뜻입니다.

우리가 인생을 살아가다 보면, 변하지 않는 것들을 마주할 때가 있습니다. 그것들은 사람일 수도 있고, 상황일 수도 있고, 골칫거리

일 수도 있습니다. 변하지 않는 사람에게, 변하지 않는 상황에, 변하지 않는 골칫거리에 신경을 쓸 필요가 전혀 없다는 뜻입니다. 내가 아무리 신경을 쓴다고 해도, 그것들은 어차피 변할 리 만무하기 때문입니다. 이러한 사실을 통하여 깨닫게 됩니다. 나만은, 변하지 않는 그것들과 달라야 한다는 것을…. 결국 유일하게 변할 수 있는 건, 바로 나 자신임을….

여기서 나 자신이 변해야 한다는 건, 내 마음가짐을 가리키고 있습니다. 히브리서를 보면, 성령께서는 인류에게 엄중한 당부를 하십니다. "마음을 완고하게 갖지 마라." [히브 3,8] 지금 내가 마음을 완고하게 가지고 있다면, 그 엄격한 기준과 잣대를 과감하게 버리라는 것입니다. 프랑스의 소설가인 마르셀 프루스트Marcel Proust는 다음과 같은 명언을 남겼습니다. "내가 변해야 세상이 변한다." 이는, 내 마음가짐이 변해야 세상을 대하는 내 모습도 변한다는 의미로 해석할 수 있습니다. 앞으로 내 마음가짐이 변한다면 그래서 완고했던 마음이 너그러운 마음으로 변한다면… 변하지 않는 사람도, 변하지 않는 상황도, 변하지 않는 골칫거리도 비로소 서슴없이 대할 수 있게 될 것입니다.

───── 51

"몸에도 권리가 있으니 이를 지켜 주어야 한다. 권리를 짓밟으면 위험이 따른다. 몸은 마음의 가장 절친한 친구여야 한다."
— 오거스터스 윌리엄 헤어 Augustus William Hare
| 줄리어스 찰스 헤어 Julius Charles Hare

생의학적 모형이나 의료 제도는, 인간이라는 존재를 다룰 때 '몸과 마음'이라는 이분법적인 사고로 접근하고 있습니다. 신앙의 관점에서도 이러한 이분법적인 사고가 적용되곤 합니다. 가톨릭Catholic 성가 211장을 보면, 다음과 같은 가사가 나옵니다. "주여 나의 '몸과 마음' 모두 드리오니~ 주여 나의 '몸과 마음' 모두 받으소서~" 이 가사를 되뇌며 성찰해 봅니다. 주님 앞에서 나는 과연 '몸과 마음' 모두를 그분께 온전히 드리고 있는지 말입니다.

가톨릭 신자信者임에도 불구하고 신앙적인 가치관을 지녔다면서 그 '마음'만 간직하며 살아가는 이들이 적지 않습니다. 이들은 자신의 '마음'에만 집중할 뿐 자신의 '몸'은 등한시하는 모습입니다. 하느님을 믿으며 기도도 바치고 성경 말씀도 읽고 또 묵상하면서 '마음'은 움직이고 있지만, 성당에 나오는 일을 게을리하며 '몸'은 가만

히 있습니다. 성당에 나가야 하는 '몸의 권리'가 있거늘, 이 권리를 지켜 주지 못하고 스스로 짓밟는 것입니다.

여러분, 이 세상에서 '마음의 권리'만을 지키면서 살아가는 모든 가톨릭 냉담자를 위해 그들이 회개悔改할 수 있도록 특별히 기도해 주길 바랍니다. 아울러 때로는 나에게도 '마음의 권리'만을 지키면서 살아가는 그릇된 악습이 있었다면, '마음의 권리'뿐만 아니라 '몸의 권리'도 함께 지키면서 살아가는 올바른 습관을 키워 나가야 하겠습니다. 나의 '마음'도 또한 나의 '몸'도, 바로 나 자신의 것이기 때문입니다.

🔍 나 (자신)

🔍 친구 (우정)

52

"세상의 모든 비극 중 90%는 자기 자신을, 심지어 실제 가치조차 모르기 때문에 생긴다."

— 시드니 J. 해리스 Sydney J. Harris

기원전 6세기경 고대 그리스에서 건설한 '아폴론Apollon 신전神殿'에는, 현관에 서 있는 기둥에 다음과 같은 글귀가 새겨져 있었다고 합니다. "너 자신을 알라!" 왜 하필, 신전으로 들어가는 출입문인 현관에서 이 글귀를 볼 수 있도록 기둥을 세워 놓은 것일까요? 인간이 신전에 즉 신이 머물고 계신 어전에 나아가려 한다면, 그 이전에 먼저 자기 자신을 아는 준비가 필요하다는 뜻입니다.

그렇다면 우리는 신(=하느님)의 어전을 향해 나아가는 인간(=신앙인)으로서, 다음과 같은 질문을 자신에게 던지게 됩니다. '나는 자신을 얼마큼 알고 있는가?' 요즘 시대를 살아가는 사람들은 (심지어 신앙인조차도) 자신을 잘 안다고 자부합니다. '혈액형'이나 'MBTI' 혹은 'Enneagram: 에니어그램' 등 성격 유형 검사들을 토대로 그렇게 주장하는 듯 보입니다. 하지만, 이 검사들이 과연 자신을 잘 아는 근

거가 될까요? 절대 그렇지 않습니다. "너 자신을 알라!"라는 이 글귀에는, '주제 파악을 하라!'라는 의미가 담겨 있기 때문입니다. 주제 파악을 하는 것은 자신의 정체성이 무엇인지를 확실히 깨닫게 해 줍니다. 인간의 정체성이란? 하느님에게서 왔으니 하느님께로 돌아가야 하는 존재라는 것입니다.

따라서, 우리 신앙인은 "나 자신을 안다!"라고 자부할 수 있습니다. 하느님에게서 왔음을 이미 인지하고 있고, 지금도 하느님께로 돌아가는 그 여정에 있기 때문입니다. 부디 우리가 이 복된 여정을 벗어나지 않는 가운데, 부단하게 인내하며 힘차게 나아갈 수 있기를 간절히 소망합니다. 하느님의 어전이, 바로 그분의 곁이, 우리가 영원토록 머물러야 할 현주소이기 때문입니다. 먼 훗날 하느님의 어전에 나아갔을 때 자신을 모르는 (즉 주제 파악을 못하여 정체성을 모르는) 인간을 두고서, 예수님께서는 이렇게 말씀하실 것입니다. **"모른다고 하는 자는, 사람의 아들도 하느님 앞에서 그를 모른다고 할 것이다."** [루카 12,9]

53

"자신을 신뢰하라. 평생 함께 살며 만족할 수 있는 자아를 창조하라. 가능성이라는 불꽃을 성취의 불기둥으로 만듦으로써 자기 자신을 최대한 이용하라."

— 골다 메이어 Golda Meir

　　어느 날 문득, 거울에 비친 내 모습을 바라보며 생각에 잠기게 되었습니다. '나는 누구인가?' '나는 왜 여기에 있는가?' '나는 지금 무엇을 하고 있는가?' 이는, 바보 같은 질문을 자신에게 던지고 있는 것일까요…. 어쩌면 우리는 내가 나임을 당연하다고 여기며 살아가는 모습에 익숙해져 버렸는지도 모르겠습니다. 때로는 바보 같은 질문처럼 보이는 의구심이, 다음과 같은 사실을 깨닫게 해 줍니다. 이는, 정신없이 흘러가는 세월 속에서 잠시 멈추어 내 '자아自我·Ego'를 인식하는 더없이 중요한 순간이라는 것을….

　　'한 치 앞이 어둠'이라는 속담이 있습니다. 인생에서 사람에게 펼쳐지는 길을 도저히 알 수가 없다는 것입니다. 다시 말하면, 사람은 스스로가 제 길을 깨닫는 것이 불가능하다는 뜻입니다. 잠언에서는 이를 가능하게 해 주는 존재가 누구인지를 명확하게 알려 주고 있습

니다. '사람의 발걸음은 주님께 달려 있으니, 인간이 어찌 제 길을 깨닫겠는가?' [잠언 20,24] 인생의 여정이라는 그 길을 제대로 올바르게 걸어가야 한다면, 길을 내게 펼쳐 주고 또 인도해 주는 (즉 나를 주관하고 있는) 존재를 배제해서는 안 된다는 가르침입니다.

　　사람뿐만 아니라 만물을 주관하고 있는 존재가 주님임을 알고서 살아가는 우리는, 정립된 자아를 인식하고 있는 것이요 신앙인이라는 정체성을 확립해 나가고 있는 것입니다. 이는 제 길을 확실하게 깨닫고 있는 모습입니다. 신앙의 여정 그 길 위에서 주님의 계획과 뜻을 헤아리고 그분께 의탁하며 걸어가는, 즉 '주님과 함께' 걸어가는 우리의 태도와 처신은 대단히 중요한 것입니다. 사제司祭는 매일의 미사 때마다 전 인류를 향하여 이렇게 외치고 있습니다. "주님께서 여러분과 함께~"

54

"단 한 가지의 사건이 우리가 전혀 알지 못했던 내면의 이방인을 깨울 수 있다."

— 앙투안 드 생텍쥐페리 Antoine De Saint-Exupery

여러분은 자신에 관하여 얼마큼 알고 있습니까? 잘 알고 있습니까? 아니면, 잘 모르고 있습니까? 문득 '나는 누구인가?'라는 물음을 스스로 던져 봅니다.

저는 여러분에게 〈나도 아직 나를 모른다〉(허지원 著)라는 책을 추천해 주고 싶습니다. 작가는 독자로 하여금 생각의 전환을 일으켜 줍니다. 즉 '나는 누구인가?'라는 (철학적인 물음)을 던지는 것이 아닌, '나는 왜 이럴까?'라는 (심리학적인 원인)을 찾도록 안내하기 때문입니다. 우리는 과거에 지나치게 집착하는 모습을 보이곤 합니다. 과거로부터 현재까지 경험해 본 다양한 사건을 토대로 스스로의 성향을 파악하게 되고, 이는 곧 '나는 누구인가?'라는 물음에 대한 자신의 정체성을 결정짓는 이유가 됩니다. 하지만, 나의 과거가 결코 나의 미래일 수는 없는 법입니다.

아직은 경험해 보지 못한 미래의 사건들이 우리를 기다리고 있습니다. 그렇다면 우리가 생각해 보아야 할 점은 무엇일까요? 지금껏 경험해 본 과거의 사건들에 내가 어떻게 대처했었는지 현재의 사건들에 내가 어떻게 대처하고 있는지 '나는 왜 이럴까?'라는 원인에 대한 분석입니다. 그래서 앞으로 마주하게 될 사건들을 대하는 나의 마음가짐과 태도가 변할 수 있다면, 우리는 얼마든지 새로워질 수 있습니다. 신앙생활이란? '나는 왜 이럴까?'라는 원인에 대하여 분석하고 대책을 세워서, '나는 누구인가?'라는 물음에 대하여 확실한 정답을 찾아가는 여정인 것입니다. 지상에 속해 있지만 천상을 살아가야 하는 특별한 존재가 나이며, 이것이 바로 나의 정체성임을 꼭 명심해야 하겠습니다.

55

"나는 나 자신을 위해 시간을 내고 지극한 사랑과 존경심으로 자신을 대하게 되었는데, 이는 내가 나를 좋아하기 때문이다. 내가 생각해도 나는 참 쿨한 것 같다."

- 우피 골드버그 Whoopi Goldberg

여러분은 과연 얼마큼의 사랑과 존경심으로 나 자신을 대하고 있습니까? 나는 '소중한 존재'임이 분명하지만, 내가 신앙생활을 하게 되면 소중한 존재를 넘어서 '특별한 존재'로 거듭나게 됩니다. 그 이유를 명확하게 설명해 주는 작품 하나가 있으니, 송명희 님이 작사한 '나'라는 제목의 생활 성가입니다.

가사의 내용은 이렇습니다. "나 가진 재물 없으나, 나 남이 가진 지식 없으나, 나 남에게 있는 건강 있지 않으나, 나 남이 없는 것 있으니~ 나 남이 못 본 것을 보았고, 나 남이 듣지 못한 음성 들었고, 나 남이 받지 못한 사랑받았고, 나 남이 모르는 것 깨달았네~ 공평하신 하느님이~ 나 남이 가진 것 나 없지만~ 공평하신 하느님이~ 나 남이 없는 것 갖게 하셨네~"

　　남이 가지고 있는 재물과 지식과 건강은, '지상의 것'을 뜻합니다. 이 지상의 것은 남과 비교했을 때 내가 없는 것일 수도 있습니다. 그런데 만일 내가 신앙생활을 시작한다면, 그 순간부터 나는 '천상의 것'을 미리 누릴 수 있게 됩니다. (영적인 눈으로) 하느님의 현존이 보이고, (영적인 귀로) 하느님의 음성이 들리며, (가슴으로) 하느님의 사랑을 느끼고, (머리로) 하느님의 진리를 깨닫게 되는 것입니다. 사실 천상의 것 그 가치는 지상의 것과는 비교할 수도 없을 만큼 큰 것입니다. 왜냐하면 지상의 것은 모두가 결국에 소멸하지만, 천상의 것은 모두가 영원히 불멸하기 때문입니다. 하느님은 공평하신 분으로 남과 나 모두에게 똑같은 기회를 주고 계십니다. 여러분은 소중한 존재로 남겠습니까? 특별한 존재로 거듭나겠습니까?

56

"친구의 집을 자주 찾아가라. 길을 걷지 않는다면 잡초가 그 맥을 끊어 버릴 테니."

— 랠프 월도 에머슨 Ralph Waldo Emerson

예로부터, 한 인간에게 있어서 친구란 가장 소중한 선물이라고 했습니다. 친구가 많으면 많을수록 좋겠지만, 진정한 친구가 단 한 명이라도 있다면 그 사람의 인생은 성공했다고 말해도 과언은 아닐 것입니다. 왜냐하면, 친구란 내게 주어진 슬픔이든 내게 주어진 기쁨이든 함께 나눌 수 있는 존재이기 때문입니다. 다시 말하면, 친구란 슬픔은 반으로 줄여 주고 기쁨은 배로 늘려 주는 존재이기 때문입니다.

'거자일소去者日疎'라는 사자성어가 있습니다. 풀이하자면, 아무리 친밀한 사이라 할지라도 (멀리 떠나가면) 점점 사이가 멀어진다는 뜻입니다. '몸에서 멀어지면 마음에서도 멀어진다.'라는 것을, 우리는 경험을 통하여 익히 잘 알고 있습니다. 그래서 우리에게 친구가 있다면, 우리는 그 친구를 지키려고 노력해야 할 의무가 있는 것입니

다. 성실하게 만남을 이루어 가는 나의 행실이, 친구를 지킬 수 있습니다. 예를 들어, 나와 친구의 사이를 이어 주는 길 위에서 잡초가 그 길을 막는다면, 나는 부단히 그 길을 걸어가고 오가며 잡초가 자라지 못하도록 미리 방지해야 한다는 것입니다.

우리의 신앙생활에는 그 누구보다도 훌륭한 친구가 있습니다. 요한 복음서에 이러한 말씀이 있습니다. "**나는 너희를 친구라고 불렀다.**" [요한 15,15] 이는 예수님께서 우리를 두고서 분명하게 하신 말씀입니다. 저는 신앙인으로서의 우리 모두가 예수님을 친구로 대하는 연습이 매우 중요하다고 생각합니다. 친한 친구라면 서슴없이 나의 슬픔을 나누고 나의 기쁨을 나누는 것처럼, 내 생애의 순간순간에 언제나 친구처럼 동행하시는 예수님을 두고서 서슴없이 내 모든 걸 털어놓을 수 있어야 한다는 뜻입니다. 왜냐하면, 예수님께서는 우리를 위해서 당신의 목숨까지도 바치시는 우정을 보여 주셨기 때문입니다. 그렇다면, 우리 역시도 그 우정을 지키기 위하여 예수님께로 다가갈 수 있어야 합니다. 현재 나와 예수님과의 거리를 가로막고 있는 세속의 잡초는 없습니까?

57

"우정이 맺어지는 정확한 순간을 우리는 알 수 없다. 물이 한 방울씩 모여 큰 물동이를 채울 때처럼, 넘쳐흐르게 하는 마지막 한 방울이 있다. 친절도 계속 베풀다 보면 그중 하나가 마침내 마음을 넘쳐흐르게 한다."

— 제임스 보즈웰 James Boswell

제임스 보즈웰의 이 명언에서, 저는 '우정'을 '결실'이라고 해석하고 싶습니다. 문득 다음과 같은 속담이 떠오릅니다. '공든 탑이 무너지랴.' 이는, 공들여 쌓은 탑이 절대로 무너질 리가 만무하다는 뜻입니다. 이 속담에서 '공功'은 '정성과 노력'을 의미합니다. 내가 무슨 일을 하든지 정성과 노력이 담긴다면, 그 일을 부단하게 진행하다가 마침내 완성했을 때 완성된 그 상태로 평생 지속이 된다는 말입니다. 내가 무슨 일을 할 때 정성과 노력이 부족한 이유는 무엇일까요? 결실을 맺으려면 반드시 과정이 필요한 법이거늘, 이 과정이 길어질수록 정성과 노력을 들여야 한다는 그 열정이 식어 버리기 때문일 것입니다.

조선 시대 후기의 화백인 윤두서의 '석공공석도石工攻石圖'라는

작품이 있습니다. 이 작품을 보면, 두 사람이 등장합니다. 한 사람은 서서 망치로 돌을 내리치려 하고 있고, 다른 한 사람은 앉아서 정을 잡고 행여나 돌이 튈까 봐 고개를 돌리고 있습니다. 이 작품에 대한 해석은 다양하지만, 저의 개인적인 소견으로는 '두 사람의 모습'이 마치 '예수님과 신앙인의 모습'처럼 아주 많이 닮아 보입니다. 앉아서 정을 잡은 사람은 예수님이요, 서서 망치로 돌을 내리치려 하는 사람은 우리 자신이라고 말입니다. 일상에서 예수님께서는 고개를 돌리고 계시지만 (우리를 외면하고 계시는 것처럼 여겨지지만) 정을 잡고 계심을 (우리와 함께 일하고 계심을) 결코 잊어서는 안 됩니다.

결국 돌을 깰 가능성은 망치를 들고 있는 오로지 우리 자신에게 달린 것입니다. 여기서 우리에게 필요한 과제는, 두 가지입니다. (1) 계획한 일을 시도하는 것! (2) 그 시도를 중단하지 않고 계속해서 이어 가는 것! 일단, '망치를 내리치는 시도'가 있어야 일이 진행됩니다. 망치를 내리치지 않으면 아무 일도 일어나지 않기 때문입니다. 또한, 망치를 몇 번 내리친다고 돌이 깨지지는 않습니다. 망치를 얼마큼 더 내리쳐야 하는지 가늠하기 어려우니, 우리는 '망치질을 끊임없이 시도'해야 한다는 걸 깨닫게 됩니다. 오늘도 우리는 돌처럼 완고한 우리의 악습에 망치질을 하게 됩니다. 망치질을 시도하고 이를 부단하게 이어 가다 보면, 언젠가 악습이라는 돌은 반드시 깨어져서 산산조

각이 날 것이라고 굳게 믿습니다. 열정을 간직한 채로 망치질이라는 그 정성과 노력을 결코 중단해서는 안 되겠습니다. 예수님께서는 오늘도 그렇게 정을 잡고서 우리의 망치질을 한결같이 기다리고 계십니다.

58

"친구들 중 단 한 명에게만 우정을 쏟지 마라. 왜냐하면 그 어느 누구도 완벽하지는 못하기 때문이다."

- 아나이스 닌 Anais Nin

트럼프 카드Trump card로 하는 포커 게임Poker game에서, 한 판에 내가 가지고 있던 돈 전부를 거는 것을 올인All in이라고 합니다. 올인을 할 수 있는 근거는 어디에 있는 것일까요? 그 판에 승리할 것이라는 확신이 있기 때문입니다. 그런데 올인은 큰 위험성을 안고 있습니다. 내가 쥐고 있는 카드보다 더 좋은 카드를 쥐고 있는 이가 있다면, 내 돈 전부를 단번에 잃을 수가 있어서 그렇습니다. 나에게 확신이 크다 보면, 이러한 위험성에 개의치 않을 수 있다는 점이 문제입니다. 올인의 위험성이란, 사람들 사이에서 맺어지는 우정에도 똑같이 적용됩니다.

고백하자면… 저는 몇 년 전에 25년 지기 친구를 잃었습니다. 친구의 개인적인 사정 때문인지 연락이 되질 않아 걱정했었는데, 모두 부질없는 걱정이었습니다. 제삼자를 통하여 절교하자는 통보를 받

은 저는 기분이 좋지 않았고, 개인적인 사정이 무엇인지 그저 이유가 궁금했습니다. 일방적으로 관계를 끊어 버린 친구로 인하여, 한동안 무척이나 힘들었던 기억이 아직도 생생합니다. 아마도 25년이라는 오랜 시간 동안 쌓았던 우정이, 이제는 저에게 우정의 무게만큼 큰 상처로 남게 되었습니다. 그런데 이러한 사태를 두고서, 나 자신에게 도 문제가 있었음을 뒤늦게서야 알아차리게 되었습니다. 그동안 저 는, 친구들 중 25년 지기 친구 단 한 명에게만 올인을 하며 내가 가 진 우정 전부를 쏟아붓고 있었던 것입니다. 25년 동안 포커 게임에서 올인을 하며 승승장구乘勝長驅하다가, 어느 한 순간에 그 한 판에 돈 을 전부 날려 버린 꼴이 되었습니다.

'시간이 약이다'라는 말처럼, 시간이 흐르고 나니 자연스럽게 상 처는 잘 아물었습니다. 더는 상처 없는 건강한 정신으로, 이제 다 시 '우정'에 관하여 깊이 묵상을 해 봅니다. 문득 다음과 같은 예수님 의 말씀이 뇌리를 스쳐 지나갑니다. **"나는 너희를 친구라고 불렀다."** [요한 15,15] 이 말씀으로 인하여 비로소 깨닫게 됩니다. 내가 가진 우정 전부를 쏟아부을 수 있는 대상이란, 이 세상을 살아가는 완벽하 지 못한 인간이 아닌 이 세상을 주관하는 완벽한 신이라는 걸 말입니 다.

　　예수님께서는 우리를 향한 우정을 실제로 증명하신 분입니다. 우리를 살리시기 위해 십자가 위에서 당신의 목숨까지도 바치시는 희생을 보여 주셨기 때문입니다. 이는 우리를 향한 우정에 올인을 하신 모습이 분명합니다. 그렇다면, 앞으로 우리의 과제는 명백해집니다. 예수님을 향한 그 우정에, 우리 역시 올인을 할 수 있어야 한다는 점입니다. 우리는 현재, 인생이라는 게임에 참여하고 있습니다. 이 게임에서 우리가 기억해야 할 것은 두 가지입니다. (1) 평소 내 곁에서 가장 친한 친구가 되어 주시는 예수님과의 우정을 먼저 인식하는 것! (2) 마치 게임의 판처럼 세속의 시험에 맞닥뜨릴 때마다, 확신을 가지고 예수님의 능력에 과감하게 올인을 하는 것! 예수님은 언제나 우리가 영적으로 승리하도록 이끌어 주시는, 우리의 유일한 친구요 우리의 유일한 조력자助力者이시기 때문입니다.

59

"역경은 사람들을 함께 모을 뿐만 아니라 그 내면에 아름다운 우정을 만들기도 한다."

— 쇠렌 키르케고르 Søren Kierkegaard

'역경'이라는 단어를 한자로 풀이해 보면, '역逆'은 거스르는 상황을 '경境'은 정해진 경계를 가리킵니다. 즉 정해진 경계를 거스르는 상황이라는 뜻입니다. 우리가 일을 할 때 그 일을 수행할 수 있는 능력에는 경계(한계)가 있는데, 그 경계(한계)를 거스르면 어떻게 될까요? 스스로 감당할 수 없게 됩니다. 이러한 상황이 바로 역경입니다.

'천지창조 사화'를 분석해 보면, 신은 인간을 두고서 당신을 닮은 모습으로 빚으시고 인간에게 이 세상(=땅)을 지배하는 권한을 주십니다. **"땅을 지배하여라."** [창세 1,28] 이는 인간에게만 부여된 절대적인 권한입니다. 그런데 인간이 세상을 지배할 때 조건이 있습니다. 신은 인간이 지배할 권한은 있지만 감당할 수 있는 선에서만 지배하도록 설정하십니다. 그러나 내가 감당할 수 있는 일들보다 내가 감당할 수 없는 일들이 더 많다는 걸 우리는 인생의 경험을 통하여 익

히 잘 알고 있습니다. 이는 역경이라는 것이 언제든 우리에게 찾아올 수 있다는 것입니다. 그리고, 왜 나에게만 이러한 역경이 찾아올까 지나치게 불만을 가질 필요가 전혀 없다는 것입니다. 세상을 창조하신 신의 계획이기 때문입니다.

그렇다면, 역경을 극복할 방법은 무엇일까요? 혼자서는 한계가 있으니, 여럿이 모여서 '함께 극복하라'는 것입니다. 여럿이 모여서 함께 극복하다 보면, 서로를 묶어 주는 우정이라는 끈이 생기는데 이 끈은 유대紐帶입니다. 이것이 바로, 지금 우리가 모여 있는 '교회 공동체'의 모습입니다. 역경은 누군가와 함께 힘을 합치는 계기가 됩니다. 그래서 각자가 지닌 한계를 뛰어넘게 되고 비로소 역경을 극복하게 만들어 줍니다. 역경을 극복하면, 함께 했던 그 누군가와의 유대는 엄청나게 강력해집니다. 결국 이 유대가 지속된다면, 수많은 역경을 하나씩 하나씩 극복해 나갈 수 있게 되는 이치인 것입니다. 현재 내가 맞닥뜨리고 있는 역경은 무엇입니까? 역경을 계속해서 혼자 극복하려 하면서 절망에 빠지겠습니까? 역경을 누군가와 함께 극복하면서 희망을 이어 가겠습니까?

60

"결점 없는 친구를 기대한다면, 우리는 결코 친구를 만들 수 없다."

— 토마스 풀러 Thomas Fuller

여러분은 친구를 어떻게 만들었나요? 누군가와 '자연스럽게' 친구가 되었던 것은 아닌지요…. 만일 아니라면, 그 누군가에게 나는 친구가 되기 위한 조건을 두고 있는 것입니다. 다시 말하면, '부자연스럽게' 친구가 되었다는 뜻입니다. 그 조건이라는 것은 이내 친구를 향한 기대로 이어지곤 합니다. 그 기대가 충족되지 못한다면, 언젠가 서로의 관계는 쉽게 파기될지도 모릅니다.

이로써 나와 친구 사이에는, 어떠한 조건도 어떠한 기대도 절대 필요치 않다는 것을 다시금 되새겨 봅니다. 만일 나와 누군가가 자연스럽게 친구가 되었다면, 둘 사이에서 맺어진 우정이라는 것을 신앙적인 관점에서 살펴볼 필요가 있습니다. 우리는 신앙인이기 때문입니다. 예수님은 분명 우리를 친구로 대해 주셨습니다. 다음과 같은 예수님의 증언이 있습니다. "나는 너희를 친구라고 불렀다. 내가

내 아버지에게서 들은 것을 너희에게 모두 알려 주었기 때문이다."
[요한 15,15]

이 증언이 제시하는 바는 무엇이겠습니까…. 신앙인에게 있어서 친구란? 내가 하느님에게서 들은 말씀을 알려 주고 전하는 벗인 것입니다. 내가 친구라고 여기는 그 누군가에게, 하느님의 말씀을 알려 주지는 않고 내 말만 전하고 있다면… 이는 결코 신앙적인 관계에서의 친구라고 볼 수 없습니다. 신앙적으로 결점이 있는 친구를 걱정하며 그 결점을 보완해 주는 것이, 신앙인으로서 우리에게 주어진 소명이 아닐까요? 우리가 신앙인이라면, 친구 앞에서도 신앙인다운 품행과 면모를 보여 주어야 함은 당연한 처신인 것입니다.

61

"우정은 빚어 만들어내는 예술이다. 그 재능을 날 때부터 타고난 사람은 극히 드물다."

— 캐슬린 노리스 Kathleen Norris

흔히들 어떠한 상황에서도 절대로 가라앉지 않는 배Ship를, '우정Friend+Ship'이라고 말합니다. 하지만, 미국의 저널리스트Journalist인 앰브로스 그위넷 비어스Ambrose Gwinnett Bierce는 우정에 주의를 요하고 있습니다. 그의 저서인 〈악마의 사전the Devil's Dictionary〉을 보면, 우정을 가리켜 "날씨가 좋은 날은 두 명이, 하지만 날씨가 나쁜 날은 한 명밖에는 탈 수 없는 배"라고 일침을 가합니다.

여러분은 지금, 우정이라는 배에 누구와 함께 타고 있습니까? 이 배가 절대로 가라앉지 않을 거라는 믿음 하나만으로 그와 함께 타고 있지는 않은지요? 하지만 날씨가 좋은 날이든 날씨가 나쁜 날이든 언제든 상관없이, 우리는 우정이라는 배를 친구와 함께 탈 수 있어야 합니다. 날씨가 좋은 날이란 친구와의 관계에서 정다움이 있는 상태를 뜻하고, 날씨가 나쁜 날이란 친구와의 관계에서 다툼이 있는 상태

를 뜻합니다.

친구와의 관계에서 정다움이 있든 다툼이 있든, 그 친구와 함께 배를 타려면 어떻게 해야 할까요? 정다움이 있다면 이러한 상태를 반드시 유지해야 하고, 다툼이 있다면 이러한 상태를 반드시 극복해야 합니다. 그렇게 하지 못할 경우, 배는 나 혼자서 타는 편이 오히려 지혜로운 처신인 것입니다. 내가 친구와 함께 배를 탄 상황에서 우정이 깨진다면, 배가 가라앉았을 때 모두가 죽음에 이를 수 있기 때문입니다. 집회서는, 우정을 바르게 키워 나가는 태도가 결국 주님을 경외하는 신앙인의 자세라는 점을 알려 줍니다. "주님을 경외하는 이는 자신의 우정을 바르게 키워 나가니 이웃도 그의 본을 따라 그대로 하리라." [집회 6,17]

62

"집에서는 온전히 가족과 함께 하라. 직장에서는 자신이 즐기는 일을 하라."

— 노자 老子

노자의 이 명언에서 언급되고 있는 '집'과 '직장'이라는 개념을, 저는 신앙적으로 해석해 보고자 합니다. 제가 사목을 할 때마다 늘 잊지 않고 있는 구절 하나가 있습니다. 갈라티아서 2장 20절의 말씀입니다. "그리스도가 내 안에 사시는 것입니다." 이 말씀인즉슨, 내 몸이 그리스도께서 사시는 집이라는 걸 깨닫게 됩니다. 그리스도께서 일을 하시는 직장은 어디일까요? 내 몸이 이동하는 장소라면 어디든, 그리스도께서 일을 하시는 터전 즉 직장이 될 수 있다는 것입니다. 결국 다음과 같이 정리할 수 있습니다. 그리스도가 내 안에 사시므로 (집), 그리스도는 어디서든 나를 통하여 일하신다고 (직장) 말입니다. 이는 참으로 오묘한 신비입니다.

따라서 세례를 받은 이들을 두고, '일반+인'이라고 부르지 않고 '그리스도+인'이라고 부릅니다. '그리스도+인'이란? 성사聖事의 은총

142

恩寵으로, '그리스도'와 일치를 이루고 친교를 맺은 '사람'이라는 뜻이기 때문입니다. 다시 말하면, 그리스도 없이는 더 이상 존재 이유가 없는 그런 사람인 것입니다. 그렇다면 그리스도인으로 부르심을 받은 내가, 평소 그리스도인답게 살아가고 있는지를 살펴볼 필요가 있습니다. 만일 내가 일반인들과 똑같이 살아간다면, 나에게 그리스도인으로서의 정체성은 무의미해질 것이기 때문입니다. 우리가 세례를 받은 장본인이라면, 언제 어디서나 '그리스도인'이라는 이 타이틀 Title을 결코 잊어서는 안 된다는 뜻입니다.

천상에서 지상으로 강생하신 예수님께서 당신의 사명을 끝마치시고 지상에서 천상으로 승천昇天하신 이유는, 당신의 그 사명을 이어 갈 도구로 우리를 선택하셨다는 의미입니다. 이는 선택받은 도구인 우리를 통하여 당신께서 그 사명을 계속해서 이어 가시겠다는 다짐인 것입니다. 여기서 사명이란, 전 인류의 구원입니다. 우리가 그 사명을 이어 갈 도구로 쓰인다면, 우리의 역할은 더없이 중요한 셈입니다. 예수님께서는 분명 그리스도인답게 살아가고자 노력하는 이들을 통하여 역사하시며 당신의 계획과 뜻을 펼쳐 나가실 것입니다. 오늘 하루를 보내면서 '그리스도인다움'이란 어떠한 모습인지 깊이 성찰해 보고, 평소 나는 과연 '그리스도인답게' 제대로 살아가고 있는지 자세히 점검해 보길 바랍니다.

63

"하루하루 내게 무슨 일이 생길지는 모른다. 중요한 것은 두 손 벌려 그것을 받아들일 준비를 하는 것이다."

— 헨리 무어 Henry Moore

세상을 살아가다 보면, 우리는 은연 중에 마음이 편치 않거나 불안함을 느낍니다. 앞으로 우리에게 무슨 일이 생길지를 도무지 알 수 없기 때문입니다. 한 치 앞을 내다볼 수 없는 현실입니다. 이러한 상황에서 '누군가에게 무슨 일이 생길지를 미리 알고 있는 사람'이 존재한다면 어떨까요? 그는 분명 유명세를 타게 될 것입니다. 미리 알고 있으면 무슨 일이 생긴다 하여도 대비할 수 있기에, 누구든지 그에게 도움을 청하려는 마음을 갖는 것은 당연한 처신이기 때문입니다. 성경에서는 그와 같은 부류의 사람을 '예언자'라고 부릅니다.

예언자에게 주어진 소명이란, 다양한 사건·사고에 맞서서 인류의 생명을 수호해야 한다는 점입니다. 예상치 못한 때 누군가에게 갑자기 발생하는 것이 사건·사고인데, 예언자는 한 치 앞을 내다볼 수 있으니 누구든지 예언자의 조언에 집중한다면 위험으로부터 얼마든

지 안전을 보장받을 수 있는 것입니다. 그렇다면, 우리 주변에서 함께 살아가고 있는 예언자가 존재하는지를 물색해 보게 됩니다. 나는 과연 어떤 예언자를 찾고 있습니까?

공생활 시절에 예수님께서는 당신의 제자들에게 앞으로 일어날 '재난'을 언급하시면서 '예언자'에 관하여 경고하신 적이 있습니다. **"거짓 예언자들이 나타나 많은 이를 속일 것이다."** [마태 24,11] 사실 이와 같은 말씀은, 앞으로 무슨 일이 생길지를 예수님께서 직접 예언하시는 모습입니다. '거짓 예언자'들이 나타날 것이라는 이 예언은 곧 당신이 '참예언자'이심을 드러내는 표징이었던 것입니다. 우리는 신앙인으로서 예수님의 말씀에 진리가 있음을 고백하고 있습니다. 그 진리는, 앞으로 무슨 일들이 생길지를 가늠하게 해 주는 동시에 어떠한 대비들을 해야 하는지를 알려 주고 있습니다. 혹여나 점을 치거나 사주를 보는 세속적인 예언에 현혹되어, 거짓 예언자들을 찾아다니는 행위가 내게는 없었는지요? 참예언자이신 예수님은 오늘도 인류를 향하여 힘차게 외치십니다. **"(나에게서 오는) 진리가 너희를 자유롭게 할 것이다."** [요한 8,32]

64

"어리석은 이들은 자동차에는 정성을 쏟으면서 정작 자신의 기계
장치에는 시간을 내지 않는다."

— 존 켄드릭 뱅스 John Kendrick Bangs

자동차가 존재하는 이유는 무엇인가요? 하나는 Drive(=운행)이
고, 다른 하나는 Driver(=운전자)입니다. 무언가를 싣고서 혹은 누군
가를 태워서 운행해야 한다는 것 그리고 이 운행을 담당하는 운전자
가 있어야 한다는 것, 이렇게 두 가지입니다. 운행이란 반드시 운전
자가 주관한다는 점을 감안했을 때, 운전자의 역할은 매우 중요하다
고 볼 수 있습니다. 결국, 운전자가 '어디로' 운행하는지가 관건이 됩
니다.

Bible(=성경)이란? 마치 Navigation(=차량용 전자 지도)과도 같
아서, 운전자가 마음대로 운행하지 말라는 경고를 합니다. 즉 목적
지를 명확하게 설정하여 운전자가 어디로 가야 할지를 친절하게 안
내해 주고 있는 것입니다. 그렇다면, 목적지는 과연 어디로 설정되어
있는 것일까요? 전 인류가 지향하고 희망하는 바로 그곳, 아무런 근

심도 걱정도 없는 오로지 평화로운 시간만이 허락되는 바로 그곳, 그곳은 '천국'입니다.

이 세상의 모든 이는 각자 개인의 자동차를 직접 운행하고 있습니다. 그런데 문제는, 많은 이가 천국을 바라고는 있지만 (Navigation도 없이) 어디로 가고 있는지도 모르면서 제 마음대로 운행하고 있다는 점입니다. 한평생을 운행했지만, 운행의 끝에 도착한 목적지가 천국이 아니라면 결말은 비극일 것입니다. 그러한 의미에서, Bible이라는 이 Navigation을 보유하고 있는 우리 신앙인들은 얼마나 지혜로운 사람들인지요. "성경에 기록되어 있는 것은 무슨 까닭이겠느냐?" [마르 9,12]

65

"좋아하는 일을 하라."

— 성 아우구스티누스 Sanctus Augustinus

아우구스티누스 성인은 '좋아하는 일'을 하라는 가르침을 줍니다. 이는 너무나도 당연한 말처럼 들리지만, 당연한 말이 가르침이 된 이유는 무엇일까요? 저는 사제로서 문득 다음과 같은 상상을 해 봅니다. '사람들에게 신앙생활이 좋아하는 일처럼 여겨진다면….'

누군가에게는 신앙생활이 실제로 좋아하는 일이 될 수 있겠지만, 다른 누군가에게는 신앙생활이 결코 좋아하는 일이 될 수 없다면… 사실 이 문제는 자연스럽게 해결됩니다. 왜냐하면, 신앙생활은 모든 사람에게 있어서 '좋아하는 일'이 되기보다는 '좋아지는 일'이 되기 때문입니다.

좋아하는 일은 내가 지금 당장에 누리는 것이지만, 좋아지는 일은 내가 지금 당장에 누릴 수 없는, 즉 시간을 필요로 하는 것입니

다. 그래서 신앙생활에는 '인내'라는 덕목이 필수적입니다. 신앙생활을 통하여 인내하며 기다리는 신앙인에게 하느님께서 베풀어 주시는 선물은 이루 다 헤아릴 수 없을 만큼 풍성하기 때문입니다. 이는 분명히 약속된 것입니다. **"여러분이 (…) 약속된 것을 얻으려면 인내가 필요합니다."** [히브 10,36] 신앙생활이란? 신앙인에게 반드시 좋아지는 일이라는 점을 명심하는 가운데, 오늘도 인내로써 부단하게 이 생활을 이어 가길 바랍니다.

66

"삶에서 겪는 불행의 절반은 모든 것에 정도正道를 따르는 것을 겁내는 사람들로부터 비롯된다."

— 윌리엄 J. 록 William J. Lock

이 세상에는 참으로 다양한 길이 있습니다. 특히나 인간에게 있어서 (직업이나 신분에 따라) 길이 나누어지게 됩니다. 여기서 나누어진 길 하나하나를 '정도正道'라고 합니다. 인간은 (직업이나 신분에 맞게) 각자 자신이 걸어야만 하는 '올바른 길'이 있습니다.

〈이상한 나라의 앨리스Alice in Wonderland〉(루이스 캐럴Lewis Carroll 著)를 보면, '체서 캣Cheshire Cat'이라는 고양이가 등장합니다. 이상한 나라에서 길을 헤매던 앨리스는 체서라는 고양이를 만납니다. 여기서 둘이 나누는 대화는 이렇습니다. 앨리스: "말해 줄래? 제발…. 난 어느 쪽으로 가야 하지?" 체서 캣: "그건 네가 어디로 가고 싶은가에 달렸지." 앨리스: "어디든 상관없어." 체서 캣: "그럼 어디로 가든 상관없겠네?"

저는 체서 캣의 이 조언에 주목합니다. "그건 네가 어디로 가고 싶은가에 달렸지." 이 조언에는 다음과 같은 깊은 뜻이 담겨 있습니다. "(어디로 가야 하는지 정해져 있지만) 그건 네가 마음을 정하기에 달렸지." 신앙적인 관점에서 구원이란 것도… 어디로 가야 하는지 그 길이 정해져 있지만, 이는 나 스스로가 먼저 마음을 정하기에 달린 것은 아닐까요? 구원자는 하느님이시지만 구원의 여부가 바로 나 자신에게 달려 있다는 점을 되새겨 보아야 하겠습니다.

67

"장애물은 통로다."

― 선사상 禪思想

이 명언을 이해하는 열쇠는, '문門'입니다. 여러분의 주변에는 얼마나 많은 문이 있습니까? 우리는 살아가면서 수많은 문을 마주하고 있습니다. 그리고 수많은 문을 여닫으며 지나가는 행동을 끊임없이 반복하고 있습니다. 여러분, 혹시 다음과 같은 생각을 해 본 적이 있는지요? 문이 장애물이라는 사실을 말입니다. 문은 늘 우리 앞을 가로막고 있기 때문입니다. 그런데 평소 우리는 이 문을 아무렇지 않게 여닫으며 지나가고 있습니다. 비로소 문은 더 이상 장애물이 아니라 통로가 된다는 걸 깨닫습니다.

두 가지의 상황을 떠올려 봅시다. (A) 내가 문 앞에 서서 아무것도 하지 못한다면 문은 그저 나에게 '장애물'로 남을 뿐 아무런 진전도 변화도 없을 것입니다. 반대로, (B) 내가 문 앞에 서서 그 문을 여닫으며 지나갈 때 문은 나에게 요긴한 '통로'가 되어 진전과 변화를

가져다줄 것입니다.

　　지금 내 앞에 마주하고 있는 것은 장애물입니까? 통로입니까? 장애물로 남겨 둘 것인지 혹은 통로로 이용할 것인지 선택은 바로 나 자신에게 달려 있습니다. **"열어라, 정의의 문을. 그리로 들어가서 나 주님을 찬송하리라."** [시편 118,19]

68

"알다시피 몽상이란 어떤 것들의 모퉁이 너머를 바라보는 마음이다."
— 메리 오하라 Mary O'Hara

　　흔히 '불행'의 반대말을 '행복'이라고 생각합니다. 그러나 한 치 앞도 알 수 없는 험난하고 위험천만한 요즘 시대에, '불행'의 반대말은 행복이 아닌 '다행'으로 바뀌고 있습니다. 이 시대를 살아가는 우리가 경험하는 일에는 두 가지가 있으니, '알고 지내는 일'과 '모르고 지내는 일'입니다. 비유하자면… 알고 지내는 일이란 모퉁이를 바라보는 것과 같고, 모르고 지내는 일이란 모퉁이 너머를 바라보는 것과 같습니다.

　　무엇이든 알고 싶어하는 것이 인간의 본능일까요? 그래서 인간은 모퉁이를 바라보는 것에 그치지 않고 모퉁이 너머를 지나가려 합니다. 때로는 모퉁이 너머를 지나가다가 비로소 알게 된 그 일 때문에 불행하기도 합니다. '차라리 그 일을 모르고 지냈더라면 어땠을까?' 모르고 있다면 불행하다고 느끼지 못하니 그 자체로는 다행일

154

수 있습니다.

그런데 우리가 명심해야 할 불변의 진리가 있습니다. 유대인의 지혜서인 〈미드라쉬(מִדְרָשׁ)〉를 보면, 다윗왕의 반지에 다음과 같은 글귀가 새겨집니다. "이 또한 지나가리라!" 내가 알고 있는 일이든 모르고 있는 일이든 결국 '지나간다'는 것입니다. 그리고 집회서에서는, 지나가는 그 속도가 매우 빠르다는 점을 지적합니다. "아침부터 저녁까지 시간은 흐르고 '주님 앞에서 만물은 금세 지나간다.'" [집회 18,26] 우리가 인생이라는 이 여정에서 천국이라는 목적지를 향하여 전진하는 중이라면, 내가 마주치게 되는 모퉁이와 모퉁이 너머는 반드시 지나가야만 한다는 사실을 깨닫게 됩니다. 하지만 지나가고 또 지나가다 보면 그 모두는 지나온 길이 될 것이요, 반복되는 불행과 다행의 끝은 우리가 누리게 될 참된 행복일 것입니다.

🔍 말

—

🔍 행동 (실행)

6·9

"친절한 말은 간단하고 짧은 말일 수 있어도, 그 메아리는 끝이 없다."

- 테레사 수녀 Mother Teresa

사람들이 더불어 살아가는 사회는, 마치 '말의 잔치'가 벌어진 것처럼 보입니다. 평소 우리는 참으로 많은 말들을 들으며 살아가고 있습니다. 각종 바이러스가 만연한 이 시국에, '대면'이든 '비대면'이든 나에게 참으로 많은 말들이 들리곤 합니다. 사람을 '직접적으로' 마주하고서 듣는 말들, 사람을 직접 마주하지 않고서도 (텔레비전이나 라디오 혹은 핸드폰 등) 대중 매체 및 통신 기기를 통하여 '간접적으로' 듣는 말들…. 도무지 그 끝이 보이지 않는 말의 잔치에 초대받은 우리입니다. 그런데 이렇듯 다양한 말을 계속해서 듣다 보면, 문득 어떤 말들은 우리의 귓가를 맴돌며 메아리치곤 합니다. 다시 말하면, 나를 떠나거나 사라지지 않고 나에게 여운을 남기는 말들이 분명하게 존재한다는 것입니다.

마더 테레사 수녀님은, '사람에게 여운을 남기는 말'을 '친절한

말'이라고 정의하고 있습니다. 여기서 친절한 말이란, '다정한 태도로 대하며 내뱉는 말'을 뜻합니다. 결국 다음과 같이 정리할 수 있습니다. 우리가 누군가에게 다정한 태도로 대하며 말을 내뱉을 때, 그 말은 누군가에게 여운을 남긴다고 말입니다. 비로소 진리를 깨닫게 됩니다. 우리가 말할 때 말 자체보다 그 태도에 더 비중을 두어야 한다는 것을…. 내가 아무리 꿀처럼 달고 단 말을 내뱉는다 하여도 태도에 성의가 없으면, 그 말은 상대방에게 결코 달게 느껴지지 않을 것입니다. 내가 아무리 약처럼 쓰고 쓴 말을 내뱉는다 하여도 태도에 성의가 있으면, 그 말은 상대방에게 오히려 달게(=달갑게) 느껴질 수 있다는 것입니다.

　우리가 그동안은 상대방에게 친절한 말들을 골라서 내뱉는 일에만 급급했다면, 이제는 상대방을 두고서 말하는 것을 떠나 그를 얼마큼 다정하게 대할 것인지 그 태도에 집중할 수 있기를 바랍니다. 상대방을 다정하게 대하는 연습이 부단하게 이어진다면, 내가 내뱉는 말이 단 말이든 쓴 말이든 어떤 말이라 할지라도 그에게는 여운을 남길 것이기 때문입니다. 말의 효력은 큰 것이지만, 그 말을 어떠한 태도를 가지고 내뱉느냐가 효력의 관건이 된다는 것을 꼭 명심해야 하겠습니다.

70

"평생 기도하는 말이 '감사합니다'뿐이라면, 그것으로 충분하다."

– 마이스터 에크하르트 Meister Eckhart

평소 주님 앞에서 기도를 바칠 때, 내가 하는 말이 어떤 경로를 거쳐서 나오는 것인지를 돌아볼 필요가 있습니다. 기도란, 크게 두 가지로 구분할 수 있습니다. 하나는 '머리'에서 나오는 기도이고, 다른 하나는 '가슴'에서 나오는 기도입니다. 머리에서 나오든 가슴에서 나오든, 이 기도는 '입'을 통해서 말이 되고 하나의 외침이 되어 울려 퍼집니다.

(A) 정해진 '양식에 따라' 바치는 기도는, 대개 '머리'에서 나오는 기도일 때가 많습니다. 천주교天主敎 주교主敎 회의에서 인준한 '주요 기도문'이라든지 그밖에 정형화된 '여러 가지 기도문' 등은, 누군가가 작성하여 이미 완성된 기도이기 때문입니다. 기도의 내용이 틀에 맞추어 짜여 있기에, 우리는 기도의 내용을 (머리로) 생각하기에 급급합니다. (가슴으로) 감정을 이입하기가 절대 쉽지 않다는 뜻입니다.

(B) 정해진 '양식을 떠나' 바치는 기도는, 대개 '가슴'에서 나오는 기도일 때가 많습니다. '자유 기도'라든지 '묵상(관상) 기도' 및 '화살 기도' 등은, 스스로 만들어 가는 기도 그래서 점차로 완성되어 가는 기도이기 때문입니다. 이는 결국 소중한 하나의 기도로 완성됩니다. 그만큼 이 기도는 순수하고 또 유일한 것이 됩니다. 내가 바라고 느끼는 감정들이 온전하게 담기는 기도이기에 그렇습니다.

"평생 기도하는 말이 '감사합니다'뿐이라면, 그것으로 충분하다." 마이스터 에크하르트는 기도가 지닌 본래의 의미를 정확하게 알려주고 있습니다. '머리'에서가 아닌 '가슴'에서 나오는 기도라면, 이는 이미 바람직한 기도라고 말입니다. 기도를 바칠 때 그 내용에 비중을 둔다면, 우리는 '머리'에서 나오는 기도를 바치게 될 것입니다. 기도를 바칠 때 그 감정에 집중한다면, 우리는 '가슴'에서 나오는 기도를 바치게 될 것입니다. 사실 기도를 바칠 때 그 내용을 그럴싸하게 멋스럽게 만들 필요가 전혀 없습니다. "주님께서는 알고 계시다. 사람들의 생각을." [시편 94,11] '머리'로 하는 생각을 그래서 그렇게 나오는 기도를 이미 알고 계시는 그분 앞에서, 더는 내용이 중요하지 않은 것입니다. 기도란 주님과 내가 서로 나누는 교감交感이기에, 주님 앞에서 내가 바라고 느끼는 그 감정들을 온전하게 담는다면 이 진솔한 감정만으로 이미 훌륭한 기도가 될 것입니다. 이제는 '가슴'에서

나오는 기도를 자발적으로 바칠 수 있는 우리 모두가 되기를 간절히 소망합니다.

71

"겉치레로 말하는 사람은 친구 같아 보인다. 늑대가 개처럼 보이듯이."
— 조지 채프먼 George Chapman

14세기경부터 오랜 시간 동안 유럽에서 유행했었던 그림 카드들을 '타로Tarot'라고 합니다. 타로가 우리나라에서도 한때 바람을 일으켜, 이 그림 카드들로 운세와 사주를 보는 문화도 생기게 되었습니다. 타로에서 18번째 그림 카드를 보면, 개와 늑대가 같은 자리에 서서 밤하늘에 떠 있는 달을 보며 으르렁거리고 있는 장면이 묘사됩니다. 이 카드의 모티브Motive는, '개와 늑대 사이의 시간L'heure entre chien et loup'이라는 프랑스의 관용어에 근거합니다. 이 시간은 땅거미가 지고 달이 뜨면서 실루엣Silhouette만 보이는 밤입니다. 그래서 내가 바라보고 있는 짐승이, 나를 보호하는 개인지 혹은 나를 공격하는 늑대인지를 육안으로 구분하기가 어렵다는 것입니다.

나에게 겉치레로 말하는 사람이 있다면, 우리는 그 사람의 의도가 무엇인지를 정확하게 식별할 필요가 있습니다. 겉치레의 말은, 늑

대도 개처럼 보이게 만드는 힘이 있기 때문입니다. (A) 악한 의도가 있는 사람이라면, (그 의도를 들키지 않기 위해서) 겉치레의 말을 사용할 수밖에 없습니다. 속은 악취를 풍기고 있으면서 겉만 번지르르하게 포장하는 경우가 이에 속합니다. 반대로, (B) 선한 의도가 있는 사람이라면, 겉치레의 말이 필요 없습니다. 선한 의도라면 아무런 포장 없이 순수한 그대로 말할 것이기 때문입니다. 심지어 단순한 말이라 할지라도 그 말은 선한 의도를 온전하게 담고 있을 것이기 때문입니다.

사람들 서로가 속고 속이는 일이 난무한 이 세상은, 마치 어두운 밤과도 같습니다. 나에게 달콤한 말을 건네는 사람이 개인지 혹은 늑대인지를 식별하기가 결코 쉽지 않은 세상이라는 것입니다. 욥기에는 다음과 같은 충언이 나옵니다. **"귀를 기울이십시오. 입이 음식 맛을 보듯 귀는 말을 식별한답니다. 무엇이 올바른 것인지 우리 가려봅시다."** [욥 34,2-3] 욥기의 이 충언은, 누군가가 건네는 달콤한 말에 우리가 귀를 기울이는 노력이 얼마나 중요한 것인가를 알려 주고 있습니다. 귀를 기울여야 말 자체에 집중할 수 있고, 말에 감추어진 숨은 의도를 파악할 수 있기 때문입니다. 만일 우리가 달콤한 말을 있는 그대로 받아들인다면, 그 달콤함에 취해서 정신을 차리지 못할 것이 분명합니다. 더군다나 그 말에 악한 의도가 숨겨져 있다면,

우리는 머지않아 이용을 당하거나 치명적인 상처를 입을 수도 있습
니다. 복음적인 생활이란? 악마의 속삭임에 절대로 현혹되지 않는
냉철함을 갖추는 노력이라는 점을 꼭 명심해야 하겠습니다.

72

> "말하기와 행동하기 사이에 수없이 많은 신발이 닳아서 해진다."
>
> — 이탈리아 격언

'스니커-헤드Sneaker-Head'라는 말을 들어 보았나요? 이는, 머리 Head 속에 온통 신발Sneaker에 대한 생각으로 가득한 사람을 일컫습니다. 신발을 대단히 열성적으로 수집하는 이들은, 자신이 선호하는 브랜드에서 출시된 소장 가치가 높은 한정판 신발 혹은 생산이 중단된 신발 등을 구매합니다. 여기서 특이한 사항이 있습니다. 스니커-헤드 중 많은 이가 비싼 돈을 들여서 어렵게 구매한 신발들을 정작 신지 않는다는 점입니다.

'솔드아웃Soldout'이라는 플랫폼Platform에서 개설한 스니커즈 전문 유튜브YouTube 채널Channel인 '스니커-헤드: 9화'를 보면, 코미디언Comedian인 샘 해밍턴Sam Hammington 씨가 등장합니다. 그는 신발 수집광인 아들을 향하여 다음과 같은 일침을 날립니다. "아들아~ 신어야 해! 너 지금 박물관에서 사는 거야? 신발은 신는 거야!"

　신앙인인 우리는 성경을 두고서 각자가 선호하는 말씀들이나 생활의 신조로 삼고 있는 말씀들이 있을 것입니다. 내 머릿속에 온통 멋스러운 말씀들로 가득하다는 건 좋은 현상입니다. 하지만, 그 말씀들을 내가 실제로 살아내고 있는지에 관한 문제는 대단히 중요한 것입니다. 누군가가 멋스러운 신발들을 관상용으로 보관만 하고 있다면, 이 신발들은 결코 제구실하지 못하게 될 것입니다. 지금도 하느님께서는 말씀 수집광인 우리들을 향하여 다음과 같은 일침을 날리고 계십니다. "아들·딸들아~ 실천해야 돼! 너 지금 박물관에서 사는 거야? 말씀은 실천하는 거야!"

73

"잘한 행동은 잘한 웅변보다 낫다."

— 벤자민 프랭클린 Benjamin Franklin

평소 제가 마음에 새기고 다니는 아라비아 속담 하나가 있습니다. "네가 말할 때는 그 말이 침묵보다 나은 것이어야 한다." 입으로 쓸데없는 말이나 불필요한 말을 할 바에야, 차라리 그 입을 닫고 조용히 있는 것이 오히려 더 낫다는 뜻입니다. 가만히 있으면 중간이라도 갈 것이기 때문입니다. 그런데, 저는 성직자聖職者로서 말을 참 많이 해야 하는 위치에 있습니다. 말하기 싫은데 억지로 해야 하는 상황도 결코 적지 않습니다. 교우敎友들이 늘 제 말에 귀를 기울이고 있기 때문입니다. 언제든 말실수할 가능성이 열려 있고, 실수로 내뱉은 말을 다시는 주워 담을 수 없다는 걸 잘 알고 있는 저입니다. 그래서 내가 순간순간 내뱉는 모든 말에 신중할 수밖에 없는 것이, 바로 저에게 주어진 십자가라고 생각합니다.

일단 내 입으로 어떤 말을 내뱉게 되면, 바로 그 순간부터 내가

내뱉은 말에는 책임이란 것이 따르게 됩니다. 왜냐하면 그 말을 나 자신이 했기 때문이고, 그 말을 듣고서 영향을 받게 되는 이들이 있어서 그렇습니다. 그래서 우리는 '삼사일언三思一言'이라는 이 사자성어를 기억할 필요가 있습니다. 이는 '먼저 세 번을 생각하고 나서, 비로소 한 번을 말한다.'라는 뜻입니다. 내가 내뱉은 말에는 책임이 따르게 되어 있으니, (말을 한 번 내뱉기 이전에 세 번 생각하는 과정이 선행된다면) 말실수를 최대한 줄일 수 있다는 뜻입니다. 만일 '웅변雄辯'처럼 내가 내뱉는 말이 확신에 찬 당당한 어조일 경우, 이러한 성어는 나에게 더 많이 요구되는 것입니다. 말의 확신에 따른 책임의 무게가 더 많이 실릴 것이기 때문입니다.

여기서 내가 내뱉은 말에 대한 책임이란, 내뱉은 말의 내용을 행동으로 옮기는 모습을 통하여 마침내 완성을 이룹니다. 그런데 유딧기에서, 유딧은 (우찌야와 수장들에게) 다음과 같은 조언을 해 줍니다. **"제가 무슨 행동을 하는지 (…) 끝날 때까지는, 여러분에게 말하지 않겠습니다."** [유딧 8,34] 유딧은 말보다는 행동이 앞서는 모습입니다. 이와 같은 모습이 바로, 신앙인 모두에게 필요한 덕목은 아닐까요? 복음의 정신에 따라 신앙인답게 행동으로 실천하는 모습에만 우리가 집중할 수 있다면, 굳이 우리는 말을 내뱉을 필요가 없습니다. 말에는 행동이 이어져야 하지만, 행동에는 말이 이어질 필요

가 없기 때문입니다. 과연 여러분은… 행동보다 말이 앞서는 신앙생활을 하고 있습니까? 말보다 행동이 앞서는 신앙생활을 하고 있습니까?

"자신을 속이면 온몸이 일어나 반항한다."

— 아나이스 닌 Anais Nin

서로가 속고 속이는 세상이 도래한 지 이미 오랜 시간이 흘렀습니다. 안타깝게도 우리는 지금도 그러한 세상을 살아가고 있습니다. 그러니 우리는 모두 은연중에 남을 속이는 일에 자연스럽게 익숙해져 있습니다. 내가 남을 속이는 일로는 부족하여, 심지어 내가 나 자신을 속이는 일이 발생하기도 합니다. 여기서 한 가지 특이한 사실을 발견하게 됩니다. '속이는 일에 순서가 있다'라는 점입니다. 내가 남을 속이는 일이 있다면 바로 그 이전에, 내가 나 자신을 속이는 일이 선행되고 있었음을….

내가 나 자신을 속이는 일을 심리학적 용어로, '자기기만Self-deception'이라고 합니다. '자기기만'에 관하여 언급한 사도가 있었으니, 그는 야고보 사도입니다. 야고보 사도는 다음과 같은 중대한 가르침을 줍니다. **"말씀을 실행하는 사람이 되십시오. 말씀을 듣기만**

하여 자신을 속이는 사람이 되지 마십시오." [야고 1,22] 우리가 예수님의 말씀을 듣기는 하는데 아무것도 실행하지 않으면, 이러한 처신이 바로 '자기기만'이라는 것입니다. 우리가 말씀을 '지식'으로만 가지고 있고 이 지식을 일상에서 전혀 '활용'하지 못하고 있으면서 신앙인이라고 자부한다면, 이는 가식이라는 것입니다. 신앙인답게 살아가지도 않는 사람이 스스로를 신앙인이라고 말하는 것 자체가 자신을 속이는 행위이기 때문입니다.

신앙의 여정을 걸어가고 있는 우리에게, 예수님께서는 오늘도 내일도 앞으로도 당신의 소중한 가르침들을 말씀으로 전해 주실 것입니다. 우리는 점검해 보아야 하겠습니다. 내가 이 말씀들을 듣기만 하면서 오로지 지식을 쌓는 데에만 혈안이 되어 있는 것은 아닌지요….

75

"우리가 이 세상에서 할 일은 단 하나의 위대한 돌파구가 아니라, 매일 행하는 사소하지만 사려 깊은 행동 하나하나로 세상을 바꾸는 것이다."

— 해럴드 쿠시너 Harold Kushner

위험하기 짝이 없는 급박한 상황에서 우리가 우선적으로 찾아야 할 곳은, 그 상황을 벗어날 수 있는 '돌파구'입니다. 서둘러서 찾지 않으면, 우리의 목숨이 위태로울 수 있기 때문입니다. 그런데 오로지 돌파구를 찾는 데에만 혈안이 되어 있다면, 이는 사실 더 위험한 상황이 될 수 있습니다. 왜냐하면 돌파구를 찾아 헤매다가 찾지 못하게 될 경우, 아무런 준비가 되어 있지 않은 상태로 그 모든 위험을 내가 다 떠안아야 하기에 그렇습니다.

여기서, 우리가 '돌파구'에 관하여 고민해 보아야 할 중대한 사항이 있습니다. 다음과 같은 두 가지의 질문은 우리의 선택을 기다리고 있습니다. '돌파구를 찾아서 헤맬 것인가?' '돌파구를 내가 만들 것인가?' 여러분은 과연 어느 쪽을 선택하겠습니까?

　　해럴드 쿠시너는 자신의 '사려思慮 깊은' 행동 하나하나가 상황을 바꾸는 돌파구임을 우리에게 알려 주고 있습니다. 위험한 상황에서나 심지어 그렇지 않은 상황에서도 매사에 깊게 생각하고 처신하는 태도가 필요하다는 뜻입니다. 혹여나 평소 내가 '생각이 짧기에' 돌파구를 찾아서 헤매는 이 불안한 태도만을 일삼고 있는 것은 아닌지요? 매사에 '깊게 생각하는' 이 사려 깊은 태도가 스스로 안전하게 돌파구를 만드는 과정이 된다는 것을 꼭 명심해야 하겠습니다. "사려 깊은 이는 위로 난 생명의 길을 걸어 아래에 있는 저승을 벗어난다." [잠언 15,24]

🔍 사랑

—

🔍 감정

76

"행복은 사랑받기보다 사랑을 줌으로써 오며, 사랑 때문에 상처 입은 것처럼 보이더라도 실제로는 자만심 때문인 경우가 흔하다. 사랑하고 그로써 상처 입는 것, 또다시 사랑하는 것, 이것이 용감하고 행복한 삶이다."

— J. E. 부시로즈 J. E. Buchrose

누군가가 저에게 "'행복'이란 무엇입니까?"라고 묻는다면, 저는 "'사랑 그 자체'입니다."라고 대답하고 싶습니다. 다음과 같은 공식을 생각해 볼 수 있습니다. (행복=사랑) 삶이 행복하다고 느끼는 사람은, 분명 누군가에게 사랑을 주거나 혹은 누군가로부터 사랑을 받거나 혹은 둘 다이거나… 이렇게 세 가지 중 하나일 것입니다. 이 사랑이라는 것 때문에 자신이 행복해하고 있다는 것을 깨달을 필요가 있습니다. 그런데 때로는 이 사랑이라는 것 때문에 상처 입기도 합니다. 사랑을 주는 건 내가 베푸는 것이기에 아낌없이 베풀어도 문제가 되지 않지만, 사랑을 받는 건 내가 누리는 것이기에 성에 차지 않으면 늘 문제가 됩니다.

우리는 자세히 살펴보아야 할 필요가 있습니다. 사실 사랑 자체가 문제를 일으키지는 않는다는 점을 말입니다. 언제나 사랑을 대하

는 내 마음 때문에 문제가 일어나기 십상입니다. 그러한 의미에서 사랑은 유일무이唯一無二하고 또 고귀한 것입니다. 사랑은 늘 인간에게 행복을 가져다 주기 때문입니다.

　　요한의 첫째 서간에 다음과 같은 구절이 나옵니다. "**하느님은 사랑이시기 때문입니다.**" [1요한 4,8] 비로소 우리는 깨닫습니다. 우리가 사랑을 주거나 사랑을 받거나 사랑하고 있는 그 순간 행복을 느낀다면, 이것이 바로 하느님의 현존을 느끼는 순간이라는 것을…. 오늘 하루도 많은 사랑을 베풀고 많이 사랑을 받는 여러분이 되길 바랍니다. 그리고 행복을 느끼는 바로 그 순간, 내 곁에 머물러 계시는 하느님을 만나 보길 바랍니다.

77

"사랑 안에서 구하는 순박한 마음에는 얻음이 있다."

— 존 그린리프 휘티어 John Greenleaf Whittier

　(우리가 무언가를 구할 때) '내가 사랑하는 대상'에게 구하는 경우와 '내가 사랑하지 않는 대상'에게 구하는 경우를 비교하여 생각해 볼 필요가 있습니다.

　먼저, (A) '내가 사랑하는 대상'이 앞에 있다면 어떻습니까? 일단은 편하게 다가가서, 내가 구하고 있는 그 무언가를 어렵지 않게 부탁할 수 있습니다. 여기서 어렵지 않다는 것은, 상대방을 향한 내 마음이 포장되지 않은 순박한 마음이기 때문에 그렇습니다. 그 마음엔 거짓이나 꾸밈이 있을 수 없다는 뜻입니다. 이유는 내가 그를 사랑하기 때문입니다. 다음으로, (B) '내가 사랑하지 않는 대상'이 앞에 있다면 어떻습니까? 일단은 다가가는 것부터가 불편해지고, 내가 구하고 있는 그 무언가를 어렵게 부탁해야 합니다. 여기서 어렵다는 것은, 상대방을 향한 내 마음이 포장될 필요가 있는 아직은 순박하지 않은

마음이기 때문에 그렇습니다. 그 마음엔 때로는 거짓이나 때로는 꾸 밈이 있을 수 있다는 뜻입니다. 이유는 내가 그를 사랑하지는 않기 때문입니다.

　　신앙의 여정에서 우리는 예수님을 앞에 두고서 다양한 것을 구 하고 있습니다. 그런데 정작 나 자신이 구하는 것들을 예수님께서 당장 얻게 해 주시지 않는다며, 서운함이 밀려오고 불평불만이 쌓 이기도 합니다. 우리는 깊이 반성해야 합니다. 예수님께 구하기 이 전에, 그보다 먼저 내가 진정 그분을 사랑하고 있었는지를 말입니 다. 사랑 안에서 예수님께 구하고 있었는지를 말입니다. 집회서에는 중요한 가르침이 나옵니다. **"구하여라. 얻으면 놓치지 마라."** [집회 6,27] 이 가르침을 다음과 같이 해석해 봅니다. "(사랑으로) 구하여 라. 얻으면 (여전히 사랑을) 놓치지 마라." 그동안 나는 예수님을 향 한 사랑을 배제한 채 그저 구하는 행위에만 급급하지는 않았는지요? 이제는 구하기 이전에 내가 진정 예수님을 사랑하고 있는 상태인지 를 먼저 점검해 보는 습관을 들여야 하겠습니다. 사랑 안에서 예수님 께 구하면 반드시 얻을 것이요, 얻은 후에도 여전히 그분을 향한 사 랑을 놓치지 말아야 하겠습니다.

78

"하느님은 우리가 이 세상에 하나밖에 없는 존재인 듯 우리 모두를
하나하나 사랑하신다."

— 성 아우구스티누스 Sanctus Augustinus

전 세계의 인구가 80억 명이 넘는 가운데 나는 단 1명의 인간으
로서 살아가고 있습니다. 문득 다음과 같은 생각이 듭니다. '하느님
께서는 80억 명이 넘는 인구 중 과연 나 하나를 기억하실까? 과연 나
하나를 지켜보고 계실까?'

아우구스티누스 성인의 명언은 이러한 궁금증을 명쾌하게 해결
해 줍니다. "하느님은 우리가 이 세상에 하나밖에 없는 존재인 듯 우
리 모두를 하나하나 사랑하신다." 하느님은 마치 전 세계의 인구가
단 1명인 것처럼 그 1명을 나라고 생각하시며 사랑하신다는 가르침
입니다. 하느님이 나 하나를 두고서 세상 전부라고 여기시며 사랑하
신다는 걸 유추해 볼 수 있습니다. 그만큼 나 하나는 하느님에게 있
어서 누구보다도 소중하고 또 귀하디귀한 존재인 것입니다. 이 얼마
나 큰 감동입니까?

　사랑이 충만한 형제·자매 여러분! 하느님이 지니신 사랑보다 내가 가진 사랑은 작은 것이지만, 그 사랑은 분명 온전해야 할 것입니다. 하느님 앞에서 유일무이唯一無二한 내가 내 앞에서 유일무이한 하느님께, 온전한 사랑을 드리고 있는지 자세히 점검해 보길 바랍니다. 혹시나 내가 하느님께 드려야 할 사랑이 다른 누군가에게 혹은 다른 무언가를 향하고 있지는 않은지요?

79

"사랑에 대한 굶주림은 빵에 대한 굶주림보다 훨씬 더 없애기가 어렵다."

— 테레사 수녀 Mother Teresa

여러분, 국어사전에 등재된 '사랑'이라는 단어에는 '받는다'라는 의미가 없다는 걸 알고 있습니까? 오로지 '준다'라는 의미에 집중되어 있습니다. 다시 말하면, 사랑이란? 내가 사랑하는 마음이 있는 대상을 두고서, 그 마음을 '주는' 즉 표현하는 일이라고 정의하고 있는 것입니다.

그런데 사랑을 주기만 하는 일에는 아무런 문제가 없어 보입니다. 모두가 사랑을 주는 일을 실천하다 보면, 나도 누군가로부터 사랑을 받는 일은 자연스럽게 가능해지는 법이기 때문입니다. 이것이 바로, 사랑이 지닌 놀라운 힘입니다.

공생활 시절에 예수님은 '사랑'에 관한 가르침을 주실 때, "사랑하여라(사랑을 주어라)!"라고 말씀하셨지 "사랑을 받아라!"라고 말

씀하시지는 않았습니다. 사랑의 원천이신 예수님께서는, 이 세상에서 우리가 사랑을 주는 주체로서 살아가기를 바라고 계시는 것입니다. 우리는 이미 예수님으로부터 사랑을 받아 그 에너지를 충만하게 지닌 장본인이기 때문입니다. "나도 너희를 사랑하였다." [요한 15,9] 예수님의 사랑이 충만한 여러분, 오늘도 누군가에게 사랑을 주는 이 위대한 과업을 성실하게 이루어 나가길 바랍니다.

80

"그 누구도 당신의 동의 없이 당신을 열등하다고 느끼게 할 수 없다."

— 엘리너 루스벨트 Eleanor Roosevelt

이 세상에 열등감이 없는 사람이 과연 존재할까요? 저는 불가능하다고 봅니다. 열등감이란 특정한 부류의 사람들에게만 발생하는 문제적 성향일까요? 절대 아닐 것입니다. 여러 사람이 함께 더불어 살아가는 사회에서, 나와 남이 다르게 창조되었다는 시점에서부터 자연스럽게 형성되는 것이 바로 열등감입니다. 사람은 모두가 저마다의 고유한 성격과 특성과 생활 양식이 있기 때문입니다. 서로가 다르다는 것은 서로를 비교할 만한 소지가 있다는 것인데, 비교는 줄곧 열등감으로 이어지곤 합니다. 예를 들어, 내가 잘하고 싶은 것을 남이 잘하고 있다면, 이는 열등감으로 이어지고 그래서 자신을 평가 절하하기도 합니다.

우리는 엘리너 루스벨트가 한 말에 주목할 필요가 있습니다. "그

누구도 당신의 동의 없이 당신을 열등하다고 느끼게 할 수 없다." 이 말을 쉽게 해석하자면, 내가 열등하다고 느끼는 건 스스로가 그렇게 판단한 것이고 스스로가 그렇게 만든 것이라는 뜻입니다. 그는 이러한 말도 했습니다. "열등감은 스스로 인정하지 않는 한 절대로 생기지 않는다." 열등감을 느끼게 하는 것이 다른 누구도 아닌 바로 나 자신에게서 비롯된 문제라는 걸 감안했을 때, 이 문제를 해결할 방법은 무엇일까요? 많은 심리학자는 열등감을 해결하는 방법이, '자기애自己愛'라고 입을 맞춥니다. 내가 지닌 장점이든 단점이든 이 모두가 나라는 인격체를 형성하는 구성 요소임을 받아들이는 가운데, 있는 그대로의 나를 아낄 줄 알아야 한다는 것입니다.

다른 사람이 내 인생을 대신 살아 줄 수 있습니까? 이는 어불성설語不成說입니다. 아무도 내 인생을 대신 살아 줄 수는 없는 법입니다. 이는 무엇을 의미하는 것일까요? 내 인생을 살아가고 있는 주체인 나 자신이 그만큼 소중하고 또 귀한 존재라는 것입니다. 내가 존재하는 그 자체로 나는 이 세상의 다른 누구와도 비교될 수 없는 고유함을 지닙니다. 나는 있는 그 자체로 남이 아니기 때문입니다. 나는 있는 그 자체로 나이기 때문입니다. 문득, 하느님께서 모세에게 하신 말씀을 묵상해 봅니다. "나는 있는 나다! (Ego sum qui sum!)" 하느님의 모상模像으로 창조된 우리 또한 내가 있는 나임을 깨닫게

됩니다. 오늘 하루를 보내면서, 살아 숨 쉬고 있는 그리고 생활하고 있는 나의 모습을 자세히 들여다보길 바랍니다. 하루하루를 사느라 수고하고 있는 나 자신을 많이 칭찬해 주고 스스로를 많이 아껴 주길 바랍니다. 나는 이 세상의 그 누구와도 비교될 수 없는, 소중하고 또 귀한, 있는 그대로의 나이기 때문입니다.

81

"울적할 때 본 오페라는 휘몰아치는 바람 소리 같았다. 기쁠 때 들은 참새의 지저귐은 너무나도 달콤했다. 그러나 나를 기쁘게 한 것은 그 지저귐이 아니었다. 그 소리를 달콤하게 한 것은 바로 나 자신이었다."

— 존 러스킨 John Ruskin

　　여러분은 지금 어떠한 감정을 느끼고 있습니까? 우리는 시시각각 변하는 타인의 감정은 잘 살피면서 쉬이 동요를 하곤 하지만, 자신의 감정이 보내는 신호에 대해서는 눈치를 채지 못하거나 외면해 버리는 경우가 허다합니다. 사실 타인의 감정에 우리가 너무 신경을 쓰다 보면, 정작 자신의 감정에 신경을 쓸 여유가 없어져 버리기 십상입니다. 내면의 목소리인 감정…. 우리는 우선적으로 자신이 느끼는 감정에 솔직해져야 할 필요가 있습니다. 혼자 있을 때 뿐만 아니라 타인과 함께 있을 때도 말입니다.

　　〈감정이 아니라고 말할 때〉(성유미 著)라는 책을 보면, 다음과 같은 충언이 나옵니다. '당신이 느끼는 것은 항상 옳다. 당신이 느끼는 것을 잘 따라가다 보면 세상을 살아가는 답이 보인다.' 저는 작가

의 이 충언에 '감정'이라는 단어를 추가하여 이렇게 말하고 싶습니다. "당신이 느끼는 '감정'은 항상 옳다. 당신이 느끼는 '감정'을 잘 따라가다 보면 세상을 살아가는 답이 보인다." 평소 우리가 자신이 느끼는 감정에 솔직하지 못하다면 그래서 그 감정을 숨긴다면… 이는 (일시적으로는) 상황을 모면하거나 관계에 '득'이 될지 몰라도, (장기적으로는) 스스로에게 '독'이 됩니다. 왜냐하면 감정이란, 긍정적인 감정이든 부정적인 감정이든 표출하는 통로가 필요하기 때문입니다. 감정은, 그 감정을 느낀 이후에 어떻게 처신할지를 준비하라는 신호이자 내면의 목소리이기 때문입니다.

예수님께서는 말씀하십니다. **"평화를 이루는 사람들! 그들은 하느님의 자녀라 불릴 것이다."** [마태 5,9] 여기서 평화란? 신앙인으로서 살아가면서 우리가 느끼고 있는 '여러 가지 감정들의 최종적 산물'입니다. (1) 긍정적인 감정이든 부정적인 감정이든 스스로가 느끼는 이 감정을 잘 따라가다가 (2) 이를 자연스럽게 표출하는 가운데 (3) 복음의 정신에 따라서 지혜롭게 처신하는 신앙인의 자세가, 우리 모두에게 요구되는 것입니다. 이 자세를 체득할 수 있을 때, 결국 우리가 누리게 되는 건 '평화'입니다. 하느님의 자녀로서 평화를 누리기 위해서는, 우리가 느끼게 되는 여러 가지 감정들에 먼저 집중하는 일이 선행되어야 한다는 것을 꼭 명심하길 바랍니다.

"위험과 기쁨은 같은 줄기에서 자란다."

― 영국 격언

인생이 식물이라면, 이 식물에는 여러 갈래의 줄기들이 있습니다. 그런데 이 줄기들 가운데 하나의 줄기에는 '위험'이라는 잎사귀와 '기쁨'이라는 잎사귀가 나란히 달려 있습니다. 문제는 이 잎사귀들을 서로 구분하기가 어렵다는 점입니다. 겉으로 보기에는 생김새가 똑같아 보이기 때문입니다. 인간은 누구나 '기쁨'이라는 잎사귀를 따려 하지만, (한순간의 실수로) '위험'이라는 잎사귀를 딸 수도 있음을 망각해서는 안 됩니다.

만일 우리가 운이 좋아서 '기쁨'이라는 잎사귀를 땄다면, 이 기쁨이란 위험을 비껴간 기쁨이라는 것을 반드시 기억해야 합니다. 내가 기쁨에만 지나치게 취하게 되면, 어떠한 상황에서 얻어진 기쁨인지를 모르고 지낼 가능성이 매우 큽니다. 내 손에 쥐어져 있는 '기쁨'이라는 잎사귀, 그 잎사귀가 달려 있었던 줄기에는 '위험'이라는 잎사귀

도 나란히 달려 있었음을 되새겨 볼 필요가 있다는 것입니다.

이를 신앙적으로 해석해 본다면⋯ 기쁨이라는 잎사귀를 손에 쥔 신앙인은 '기뻐하면서도', 위험이라는 잎사귀를 따지 않았다는 사실에 '감사할 수 있어야 한다'라는 뜻입니다. 바오로 사도는 모든 신앙인에게 다음과 같은 충언을 합니다. **"우리가 (⋯) 하느님 앞에서 누리는 이 기쁨을 두고, 하느님께 어떻게 감사를 드려야 하겠습니까?"** [1데살 3,9] 평소 우리가 진정으로 기쁨을 만끽하는 바로 그 자리에, 하느님께 감사하는 내 마음도 함께 따르고 있는지 자세히 점검해 보아야 하겠습니다.

83

"부자란 어떤 사람인가? 만족하는 사람이다. 그 사람이 누군가? 아무도 없다."

— 벤자민 프랭클린 Benjamin Franklin

다음과 같은 질문을 한번 생각해 봅시다. "여러분은 가진 것에 만족하고 있습니까? 가진 것에 만족하지 못하고 있습니까?" 이 질문에 대해서는, 자신이 지금 '무엇을 가지고 있는가'보다 (가지고 있는 것으로 인하여) 자신이 지금 '얼마큼 만족하고 있는가'에 더 집중하는 모습입니다.

그렇다면, 여러분은 지금 무엇을 가지고 있습니까? 사실 우리는 태생부터 벌거숭이의 몸으로 태어났습니다. 아무것도 가진 것 없는 상태가 나의 현주소인 것입니다. 그런데 지금 내가 무언가를 가지고 있다면 이는 감사할 일인 것입니다. 무언가를 가지고 있는 것이 당연하다고 생각한다면 큰 오산입니다. 나는 아무것도 가진 것 없는 상태로 인생을 시작했기 때문입니다.

하지만, 만일 내가 가지고 있는 것을 두고서 남들이 가진 것과

비교하게 될 경우 문제는 발생하기 마련입니다. 그래서 남들만큼 가지려 하고 나아가 남들보다 더 가지려는 욕심이 생기는 것입니다. 그러니 내가 이미 가지고 있는 것에 만족하지 못할뿐더러 감사할 줄도 모르는 모습입니다. 인생을 마감하면 어차피 다시 벌거숭이의 몸으로 되돌아갈 뿐만 아니라 그 몸이 썩어 없어질 것을…. 결국 우리가 집중해야 할 것은? (내가 가지고 있고 가지고 싶은) 지상에 두고 가야 할 것들이 아니라, (앞으로 내가 무궁토록 가질 수 있는) 천상에서의 영적인 보상 즉 '영원한 생명'밖에는 없습니다. 우리가 신앙인으로서 '천상 것'에 맛 들이는 신앙을 살아가고 있다면, '지상 것'에 만족하지 못하는 건 어쩌면 당연한 이치인 것입니다.

84

"행복은 수줍은 사람을 싫어한다."

— 유진 오닐 Eugene O'Neill

공생활 시절에 예수님께서 전해 주신 귀중한 말씀들 가운데서 단연코 돋보이는 가르침은 바로, '행복 선언'입니다. 인간에게 있어서 행복이란 그만큼 중요하기 때문입니다. 그런데 행복에 대한 정의는 시대를 불문하고 다양하게 해석되어 왔습니다. 그렇다면, 지금 우리가 살아가는 이 시대에 행복이란 과연 무엇일까요? 가장 지배적인 해석은, 행복이란 '주관적 안녕감Subjective Well-being'이라는 것입니다. '주관적으로' 자신이 느끼기에 아무런 걱정과 근심이 없는 '안녕한' 즉 평안한 상태일 때가 진정으로 행복한 순간이라는 해석입니다.

사무엘기 상권에서, '다윗'은 젊은이 열 명을 '나발'에게 보내면서 다음과 같은 인사를 전합니다. '안녕하십니까? 댁도 평안하시고, 댁의 집안도 평안하시기를 빕니다.' [1사무 25,6] 우리 역시도 누군가에게 늘 이렇게 인사합니다. "안녕하십니까?" 이는 '주관적 안녕감'에

대한 질문과도 같습니다. 내가 누군가에게 인사를 하면서 현재의 그가 스스로 느끼기에 평안한 상태인지 혹은 아닌지를 묻는 것입니다. 이는 곧 '행복의 인사'라는 걸 깨닫게 됩니다.

인간은 모두가 본능적으로 행복을 추구하고 있지만, 동시에 이 행복을 쉽게 잊고서 살아가는 것이 인간이기도 합니다. 내가 누군가에게 "안녕하십니까?"라고 인사를 건넬 때… 누군가로부터 내가 "안녕하십니까?"라고 인사를 받을 때… 이 인사가 형식적인 인사가 아닌 '행복의 진정한 가치와 의미'를 신중하게 되새겨 보는 순간이기를 바랍니다. 여러분, 여러분은 지금 안녕하십니까?

85

"겨울눈은 한철이지만 즐거움은 아침과 함께 매일 찾아온다."
— 마르쿠스 아우렐리우스 Marcus Aurelius

과연 사람은 몇 세까지 살 수 있을까요? (노아의 방주 사건 이전에) 살았던 사람들의 수명은 엄청나게 길었습니다. 창세기 5장을 보면, '아담의 자손'에 관하여 언급되고 있는데 무려 900세 전후로 살고 죽었던 사람들이 한두 명이 아닙니다. 그런데 (노아의 방주 사건 이후로) 사람들의 수명은 급격하게 줄어듭니다. 현재는 100세까지만 살아도 장수했다고 여기는 그러한 세상을 우리는 살아가고 있습니다.

집회서에서는 '장수'에 관하여 이렇게 알려 주고 있습니다. "**즐거움은 곧 인간의 장수이다.**" [집회 30,22] 이 변함없는 질서가 (노아의 방주 사건 이전이나 노아의 방주 사건 이후에나) 똑같이 적용된다는 걸 감안할 때, 노아의 방주 사건 이전의 사람들은 그 이후의 사람들보다 '평소에 즐거움을 더 많이 누리며 살아가지 않았을까?'를 추측해 봅니다.

　예나 지금이나 많은 사람이 장수하기를 원했고 또 원하고 있습니다. 그런데 장수하기만을 원하지, 즐거움을 찾으려는 노력은 상당히 부족해 보입니다. 우리가 일상에서 즐거움을 찾으려고 노력한다면, 즐거움을 누리게 되는 그 순간순간이 내 생에 활기를 돋우어 줄 것입니다. 아울러, 즐거운 에너지가 때로는 병을 치유하는 효력이 되기도 한다는 점을 명심해야 하겠습니다. 오늘 하루도 여러분에게 주어진 즐거움을 한껏 만끽해 보길 바랍니다.

86

"아무것도 기대하지 마라. 뜻밖의 놀라움을 검소하게 먹고 살아라."
— 앨리스 워커 Alice Walker

여러분, 맛집을 방문해 본 적이 있나요? 사람은 때때로 끼니를 때울 때 이왕이면 맛있는 음식을 찾으려는 본능을 따르기도 합니다. 소위 맛집이라고 불리는 음식점들은 처음부터 유명했을까요? 그저 평범한 음식점에 불과했을 것입니다. 그러다가 음식에 대한 방문객들의 놀라운 반응과 그에 따른 평가가 입소문을 타다 보니 자연스럽게 유명세를 얻게 된 것입니다.

(음식에 대한 아무런 정보가 없이) 음식점을 방문한 이들은 기대가 낮을 수밖에 없습니다. 그러니 음식이 입맛에 맞는 경우 그들은 뜻밖의 놀라움을 체험하게 됩니다. 하지만, (음식에 대한 여러 가지 정보를 얻고) 음식점을 방문한 이들은 기대가 높을 수밖에 없습니다. 그러니 음식이 입맛에 맞지 않는 경우 그들은 크게 실망하게 됩니다.

성당이란? 전 인류의 입맛에 맞추어져 있는 영혼의 맛집입니다. 성당이 영적인 음식점이라면, 말씀과 성찬은 영적인 음식일 것이요 신자들은 단골일 것입니다. 문득 다음과 같은 생각이 듭니다. 이 영적인 음식점에는 매번 단골들만 방문하고 있는 것은 아닌지…. 그래서 그들만 영적인 음식을 즐기고 있는 것은 아닌지 말입니다. 영적인 음식에 대한 기대가 낮든 높든 이 음식은 방문객들의 입맛에 맞추어져 있으니, 단골들이 주변에 입소문을 내는 최소한의 노력은 절대적으로 필요한 것입니다. 앞으로 성당을 방문하는 모든 이들이 체험하게 될 뜻밖의 놀라움에 하느님의 축복이 함께 하기를 기원합니다.

🔍 습관

🔍 문제

87

"정말 마술 같은 일이다. 혼자 살다 보면 모든 성가신 습성이 사라져 버린다."

— 메릴 마르코 Merrill Markoe

저는 하느님 앞에 독신獨愼 서약을 하고, 여러 해를 혼자 살고 있습니다. 그런데 남들은 제가 혼자 살고 있는 것처럼 보이지 않는다고 합니다. 제가 사제여서 그런지, 사제의 주변에는 늘 교우들이 함께 있다는 생각이 만연한 것 같습니다. 그렇다면, 과연 저는 언제 혼자 사는 느낌을 강렬하게 받을까요? 평소 교우들을 비롯하여 여러 부류의 사람들과 만나고 또 어울리게 되지만, 정작 내가 누군가를 필요로 할 땐 주변에 아무도 없다는 걸 깨닫게 됩니다. 예를 들어, 몸이 아플 때 그렇습니다. 몸이 아프다는 사실을 교우들에게 그리고 지인들에게 솔직하게 말 못 할 사정이 있습니다. 걱정을 끼쳐 드릴 수 있다는 우려 때문입니다. 그래서 몸이 아프다는 말을 누군가에게 꺼내지 않는 한, 병뿐만 아니라 홀로 남겨져 있다는 이 외로움과 싸워야 하는 상황은 늘 반복됩니다.

메릴 마르코는 "혼자 살다 보면 모든 성가신 습성이 사라져 버린다"라고 주장합니다. '성가신 습성'이란 무엇일까요? 여기서, '성가시다'라는 말은 '귀찮다'라는 말과 같습니다. '귀찮다'라는 말은 '귀하지 않다'가 줄어든 말이라고 볼 수 있습니다. ('귀하지 않다'→ '귀치 않다→ '귀찮다) 또한, '습성'은 '습관이 되어 버린 성질'을 뜻합니다. 이를 토대로, '성가신 습성'이란 귀하지 않은 것들에 대해서 나 자신이 가지고 있는 습관이 되어 버린 성질임을 알게 됩니다.

결국, 내가 '혼자 있는 시간'이 매우 중요하다는 걸 알 수 있습니다. 혼자서 머물며 홀로 보내는 시간은, 자기 모습을 되돌아볼 소중한 기회이기 때문입니다. 그래서 교회는 모든 신앙인에게, 하루에 한 번씩 반드시 '양심성찰良心省察'을 시행할 것을 강력하게 권고합니다. 하루를 끝마치며 잠이 들기 전에 갖게 되는 양심성찰의 시간은, 나의 생각과 말과 행위를 복음적인 관점에서 점검하는… 즉 혼자 있는 시간인 것입니다. 실제로 우리는 일상에서 귀하지 않은 세속적인 것들에 너무 마음을 쓰고 또 휘둘리는 것은 아닌지 반성해 봅니다. 신중하게 생각해 보면, 이 세상에서 하느님보다 귀한 존재는 없습니다. 내 생명을 허락하시고 내 삶의 전부를 주관하시는 분이 하느님이기 때문입니다. 우선 혼자 있는 시간을 마련하는 것, 그리고 양심성찰을 시행하는 것, 그래서 귀하지 않은 세속적인 것들에 대한 관심을 줄이

고 습관을 고치며, 귀한 존재인 하느님을 향하여 한 걸음씩 앞으로 나아가는 것. 바로 이것이 우리 신앙인이 갖추어야 할 자세가 아닐까요?

"등잔이 계속 타게 하려면, 기름을 계속 넣어 주어야 한다."

— 테레사 **수녀** Mother Teresa

테레사 수녀님의 이 명언을 보면, '계속'이라는 부사가 두 번이나 연달아 언급되고 있습니다. "등잔이 '계속' 타게 하려면, 기름을 '계속' 넣어 주어야 한다." 문장에서 보이는 쉼표(,)를 기준으로 하여 (A) 앞에 나오는 '계속'은 성과를 가리키고 있고 (B) 뒤에 나오는 '계속'은 방법을 가리키고 있습니다. 풀이하면 다음과 같습니다. 우리가 목표로 하는 성과를 계속해서 이어 가려면, 성과를 이루기 위한 방법을 계속해서 실행에 옮겨야 한다는 뜻입니다. 결국 성과의 지속성은 방법의 지속성에 비례한다는 걸 깨닫게 됩니다.

일상에서 우리가 계속하고 있는 것이 무엇인지를 살펴보면, 그것이 바로 '습관'이라는 걸 알 수 있습니다. 신앙인의 삶에 있어서 습관은 얼마나 중요한 것일까요? 예수님께서는 우리에게 간곡히 당부하셨습니다. **"빛의 자녀가 되어라."** [요한 12,36] 이렇듯 모든 신앙인

은, 이 세상에서 빛의 자녀로 살아가라고 부르심을 받은 장본인입니다. 어둠이 만연한 이 세상을 빛으로 밝혀야 한다는 뜻입니다. 그래서 신앙인에게는 세례를 받은 그 순간부터 등잔이 하나씩 주어집니다. 그런데 등잔을 밝히는 것은 각자의 몫입니다. 등잔을 받았으면 기름을 넣어 주는 행위가 뒤따라야 한다는 것입니다. 기름을 얼마큼 넣어 주는가에 따라서 등잔이 얼마큼 밝혀지는지가 결정됩니다. 이러한 이유로, 기름을 넣어 주는 행위가 반드시 필요하고 이 행위가 반드시 습관이 되어야 등잔에서 빛이 꺼지지 않는 것입니다.

(방법: 기도를 바치는 습관이 지속되면, 말씀을 생활화하는 습관이 지속되면, 선행을 베푸는 습관이 지속되면,) (성과: 우리는 이 세상에서 빛의 자녀로 살아가게 되고 그 모습이 그대로 지속될 수 있음을!) 되새겨 봅니다. 빛을 꺼뜨리지 않는 가운데 빛을 밝히는 이 일을 중단하지 않는 것이 모든 신앙인 앞에 놓인 중대한 과제임을 꼭 명심해야 하겠습니다.

8.9

"성격은 간단히 말해 충분한 시간 동안 계속된 습관이다."

— 플루타르크 Plutarch

위 명언에서, 문장을 이루고 있는 문맥의 순서를 바꾸어 볼까요? 바꾸어 본다면, 다음과 같은 명언이 될 것입니다. "습관이 충분한 시간 동안 계속된다면 이는 간단히 말해 성격이 된다." 습관에는 두 가지의 종류가 있는데, '좋은 습관'이 있고 또 '나쁜 습관'이 있습니다. 조금 전에 바꾸었던 명언에 이를 다시 추가하면, 다음과 같은 명언으로 완성될 것입니다. "(좋은 습관이든 나쁜 습관이든) 습관이 충분한 시간 동안 계속된다면 이는 간단히 말해 성격이 된다."

나 자신에게 좋은 습관과 나쁜 습관이 더불어 공존한다면, 여기서 우리가 집중해야 할 것은? '나쁜 습관'입니다. 그리고 획기적인 생각의 전환이 필요합니다. '나쁜 습관들을 고치는 행위'를 '습관'으로 만들어 보자는 그러한 생각 말입니다. 이와 같은 생각을 실천으로 옮겼을 때, 나중에는 좋은 습관들만이 남게 되어서 좋은 습관들이 결

국에 나의 성격으로 자리 잡게 될 가능성은 매우 커지는 것입니다.

　　가톨릭 교회는, 성직자든 수도자修道者든 평신도平信徒든 그들 스스로가 '나쁜 습관들을 고치는 행위'를 하나의 성사로 만든 위대한 역사가 있습니다. 그것은 바로 '고해성사告解聖事'입니다. 평소 우리가 고해성사를 준비하고 또 이에 참여한다면 그 모습 자체가, 자신이 지닌 나쁜 습관들을 부단하게 고쳐 나가는 중요한 과정이 되는 것입니다. 신약新約을 보면, 예수님의 습관을 가리키는 표현이 나옵니다. "늘 하시던 대로" [마르 10,1/ 루카 4,16; 22,39] 예수님께서는 그렇게 '늘 하시던 대로' 고해소告解所에서, 우리의 방문을 애타게 기다리고 계십니다. 나쁜 습관들을 고치려는 '나의 습관'과 이를 도와주시려는 '예수님의 습관'이 조화를 이룰 때, 즉 고해성사를 통하여 우리의 성격은 더욱 거룩하게 변화되고 쇄신될 것입니다.

───── 90

"삶의 대부분은 권태롭고 자질구레한 일상의 반복으로 이루어져 있지만, 이 일상의 반복을 통하여 우리는 쉼 없이 고지를 향해 나아간다."

— 벤 니콜라스 Ben Nicholas

'반복反復'이란? 같은 일을 되풀이한다는 뜻입니다. 여러분은 무슨 일을 반복하고 있습니까? 자세히 점검해 보면, 상반된 두 가지의 경우가 있음을 발견하게 됩니다. (A) 해야 할 일을 반복하는 경우, (B) 해서는 안 될 일을 반복하는 경우. 내가 반복하는 경우가 (A)이든 (B)이든, 다음과 같은 구조를 따를 수밖에 없습니다. * 반복→ 습관→ 양식

내가 무슨 일을 '반복'하든 반복된 그 행위는 자연스럽게 '습관'이 됩니다. 일단 습관이 되었다면 이 습관이 내 삶의 '양식'으로 자리 잡기까지는 시간문제입니다. 여기서 반드시 주의할 사항이 있습니다. 반복과 습관에는 자기비판이 있을 수 있지만, 양식에는 자기만족밖에 없다는 점입니다. 그러니 양식으로 자리 잡기 이전에, 반복과 습

관에 대하여 스스로를 엄격한 잣대로 평가하는 자기비판은 대단히 중요한 것입니다. 여기서 신앙은, 자기비판의 척도가 됩니다.

일상에서 내가 반복하고 있는 일이, 신앙인으로서 마땅히 해야 할 일입니까? 신앙인으로서 도저히 해서는 안 될 일입니까? 루카 복음서에 명시된 예수님의 가르침을 되새겨 봅니다. "이와 같이 너희도 분부를 받은 대로 다 하고 나서, '저희는 (…) 해야 할 일을 하였을 뿐입니다.' 하고 말하여라." [루카 17,10]

91

"자유로운 인간은 필연적으로 불안정하고, 사고하는 인간은 필연적으로 불확실하다."

— 에리히 프롬 Erich Fromm

평소 인간은 날씨의 영향을 많이 받습니다. 우리는 기상청에서 제공하는 일기 예보를 확인하고서 외출 여부를 판단하곤 합니다. 사계절에 관계없이 하늘에서 내리는 비가 있습니다. 만일 우리가 반드시 외출해야 하는 날이라고 가정했을 때, 비에 관한 예보인 시간대별 강수량은 내가 우산을 챙겨야 할지 말아야 할지를 선택하는 기준이 됩니다.

그런데 여기서 우리가 간과해서는 안 될 사항이 있으니, 그것은 '변수變數'입니다. 내가 처하게 될 상황을 미리 예상은 할 수 있지만, 막상 이 예상이 얼마든지 빗나갈 수 있다는 뜻입니다. 이는 예상 강수량이 적었지만 비가 내릴 수 있고, 예상 강수량이 많았지만 비가 내리지 않을 수 있는, 즉 가변적인 요인이 있음을 암시합니다.

　　신앙생활이란, 언제 어디서나 변수를 염두에 두고서 이에 대비하는 자세를 신앙인에게 요구하고 있습니다. 신앙인이라면 강수량이 적은 날이든 강수량이 많은 날이든 따지지 않고서 늘 우산을 챙기고 다니는 습관을 들여야 한다는 것입니다. 평소 우산을 챙기고 다니는 일이 불편하겠지만 이에 습관을 들인다면, 불편함은 곧 익숙함으로 바뀔 테니 결국 어떠한 변수에도 대비할 수 있게 되는 것입니다. 이것이 바로, 불안정하고 불확실한 이 세상에서 우리가 깨어 있는 신앙을 살아가는 방법임을 꼭 명심해야 하겠습니다. **"주님을 섬기러 나아갈 때 너 자신을 (…) 대비시켜라."** [집회 2,1]

92

"문제를 안고 현재를 살아라. 그러면 나도 모르게 어느 날, 대답을 지니고 살날이 올 것이다."

— 라이너 마리아 릴케 Rainer Maria Rilke

우리는 이 세상을 살아가면서 얼마나 많은 문제를 마주하고 있습니까? 하나의 문제를 해결하면 또 다른 문제에 봉착하는, 즉 문제 없이 살아가기란 불가능한 문제투성이 세상을 우리는 살아가고 있습니다. 그런데 어떠한 종류의 문제든지 문제는 그 자체로 대답을 요구하고 있습니다. 대답을 요구하지 않는다면 문제가 될 것이 없겠지만, 대답을 요구하고 있으니 문제가 되는 것입니다.

히브리어Hebrew 성경을 보면, '문제'와 아주 깊은 연관이 있는 중요한 단어 하나가 나옵니다. 그 단어는 'נָסָה: 시험하다'라는 동사입니다. 하느님을 향한 욥의 고백 중에 다음과 같은 구절이 있습니다. **"사람이 무엇이기에 당신께서는 그를 살피시고 순간마다 그를 시험하십니까?"** [욥 7,17-18] 구약舊約에서 하느님은 당신께서 눈여겨보시는 이를 먼저 시험하시고 나서 그를 당신의 사람으로 받아들이십

니다. 시험하시기 위해 문제를 출제하시는데, 그가 스스로 문제를 어떻게 풀어 나가고 대답을 구하는지를 하느님은 지켜보고 계시는 것입니다.

　문제를 마주한 상황에서 '미성숙한 신앙인'의 모습과 '성숙한 신앙인'의 모습은 분명 다릅니다. (A) 미성숙한 신앙인: 문제를 출제하신 분에게 그 문제를 직접 해결해 주시라고 무작정 '도우심'을 청하는 유형. (B) 성숙한 신앙인: 문제를 출제하신 분의 의도를 신중하게 파악할 수 있도록 '지혜'를 청하고 본인이 해결하는 유형. 여러분은 과연 어떤 유형의 신앙인입니까? 우리가 마주하는 모든 문제에는 문제를 출제하신 하느님의 의도가 명백하게 담겨 있습니다. 하느님께서 우리를 시험하고 계시는 소중한 과정이기 때문입니다. 우리가 하느님의 의도를 지혜롭게 먼저 파악할 수 있을 때, 그분의 수많은 가르침 안에 문제를 해결할 수 있는 대답이 이미 포함되어 있음을 확실히 깨닫게 될 것입니다. 문제를 안고 현재를 살아가지만, 문제에 걸맞은 대답을 함께 지니면서 그 문제를 서서히 풀어 나가는 성숙한 신앙인이 되어야 하겠습니다.

———— *93*

"모든 것은 가능한 한 간단하게 해야 하지만, '더 간단하게'는 안 된다."

— 알베르트 아인슈타인 Albert Einstein

세상을 살아가다 보면 우리가 당면하게 되는 복잡한 문제들이 있습니다. 우리는 신중하게 성찰해 보아야 합니다. 이 문제들이 원래부터 복잡한 문제들이었는지를 말입니다. 원래는 간단한 문제들이었는데, 오히려 내가 복잡하게 만들고 있는 것은 아닐까요? 만일 그렇다면! 우리에게 주어진 과제란, 문제를 복잡하게 만드는 태도를 당장에 중단하는 일입니다. 그리고 문제를 단순하게 바라보는 시선이 필요합니다. 이는 문제가 지닌 본래의 취지를 발견하는 힘이 되기 때문입니다.

문제를 대할 때, '사람의 생각'이 너무 많이 개입되면 그 문제는 당연히 복잡해질 수밖에 없습니다. 하지만! 문제를 대할 때, 사람의 생각 대신에 '하느님의 생각'이 개입되면 그 문제는 아주 간단해집니

다. 하느님께서는 세상만사를 주관하시는 분으로, 문제에 대한 해답을 이미 알고 계시기 때문입니다. 심지어 그 해답은 우리가 볼 수 있도록 성경에 명쾌하게 글로 기록(구약: 하느님께서 주시는 해답 + 신약: 그분의 아드님 예수님께서 주시는 해답)되어 있으니, 우리는 문제도 해답도 모두 가지고 있는 셈입니다.

이렇듯 문제의 실마리를 푸는 지혜가 성경에 온전하게 담겨 있거늘, 문제를 두고서 '성경을 배제한 채로' 해답을 찾으려고 하니…. 결국, 나로 인하여 간단한 문제가 이내 복잡한 문제로 탈바꿈하게 되는 것입니다. 예수님께서는 복잡한 문제들에 얽매여서 힘들어하고 있는 인류를 향하여 다음과 같이 힘차게 선포하십니다. "성경에 기록되어 있는 것은 무슨 까닭이겠느냐?" [마르 9,12]

94

"살아가면서 받아들이지 않은 문제는 그 문제를 해결할 때까지 계속 새로운 문젯거리를 만들어낸다."

— 삭티 거웨인 Shakti Gawain

여러분, '문제'란 무엇입니까? 어떠한 방법을 동원해서라도 해결해야 하는 사안입니다. 그런데 우리가 만일 이 문제를 해결했다면, 그 즉시 더 이상은 문제가 아닌 것이 되어 버립니다. 평소 우리가 문제라고 말하는 것은, 해결하지 못했기 때문에 문제로 남아 있는 것입니다. 다시 말하면, 문제를 문제로써 받아들일 필요가 있다는 뜻입니다. 아직 그 문제를 해결하지 못했더라도 말입니다.

사람이 문제를 문제로써 받아들이지 못한다면 어떻게 될까요? 이내 문제를 회피하는 모습으로 이어지기에 십상입니다. 삭티 거웨인은 충언합니다. "살아가면서 받아들이지 않은 문제는 그 문제를 해결할 때까지 계속 새로운 문젯거리를 만들어낸다." 이를 다음과 같이 해석할 수 있습니다. (A) 문제를 받아들이면, 단순히 그 문제로만 남지만 (B) 문제를 받아들이지 않으면, '문제가 문제를 낳는다!'라

는 의미인 것입니다. 즉 하나의 문제가 또 다른 문제들을 야기하여 상황이 더욱 복잡해질 수 있다는 것입니다.

　하느님의 자녀인 우리가, 그분에게는 문제아처럼 여겨질지도 모르겠습니다. 하느님의 자녀답지 못한 실수와 과오로 늘 문제투성이처럼 살고 있기 때문입니다. 하지만 하느님은 '문제+아'를 회피하시지 않는 가운데, 있는 그대로의 모습을 기꺼이 받아들이십니다. '문제+아'인 모습을 과감하게 탈피하여 하느님의 참된 자녀가 될 때까지…. 마찬가지로! 우리도 일상에서 마주하게 되는 '문제'를 회피하지 않는 가운데, 있는 그대로의 문제를 기꺼이 받아들여야 하겠습니다.

95

"밤새 잠이 무슨 재주를 부렸는지 밤에는 어렵게 여겨졌던 문제가
아침이면 해결되는 것을 우리는 종종 경험한다."

— 존 스타인벡 John Steinbeck

'민둥산'이란? 나무가 없어서 맨바닥의 흙이 드러난 산을 일컫습
니다. 맹자孟子는, 민둥산에 관하여 이렇게 설명하고 있습니다. 민둥
산은 원래 나무가 무성했다는 것입니다. 하지만 나무꾼들이 나무를
전부 베어 가는 바람에 그루터기만 남게 되었는데, 나무가 다시 자랄
틈이 없다고 말합니다. 그 이유를 '밤과 아침'에 비유합니다. 아무도
찾지 않는 '밤'이면 남겨진 그루터기에서 싹이 조금씩 자라나지만, 목
동이 찾아오는 '아침'이면 소와 양을 풀어놓으니 기껏 자란 싹을 먹어
치운다는 것입니다.

(우리네 인생은 민둥산과도 같아서) 우리가 어떤 문제를 마주했
을 때, 밤보다는 아침에 해결하려는 태도가 실제로 더 효과적일 수
있습니다. 왜냐하면, 밤은 남겨진 그루터기에서 싹이 자라나는 소중
한 시간이기 때문입니다. 일단은 싹이 자라야, 아침에 이 싹을 먹고

힘을 낼 수 있기 때문입니다.

탈출기에서는, '주님의 영광'을 우리가 '아침'에 볼 수 있음을 분명하게 알려 주고 있습니다. "아침이 되면, 너희는 주님의 영광을 보게 될 것이다." [탈출 16,7] 살아가면서 마주하게 되는 문제들에 대하여, 주님의 영광이 가득한 밝은 아침마다 밝은 정신으로 지혜롭게 해결해 나가는 우리 모두가 되기를 소망합니다. 문제들에 골몰하느라 밤잠을 설치는 일이 더는 없어야 하겠습니다.

🔍 죄(실수)와 용서

🔍 힘 (에너지)

96

"실수하는 것은 자연스러운 일이지만 일부러 계속 실수하는 것은 잘못이다."

— 성 아우구스티누스 Sanctus Augustinus

불완전하게 창조된 우리 인간이 실수를 범하며 살아가는 것은 어쩌면 지극히 자연스러운 모습일 겁니다. 우리가 실수를 범하지 않을 수 있다면 분명 완전함을 갖출 것이기에, 완전한 인간에게 있어서 완전하신 하느님의 존재는 무의미해질 것이라는 생각이 듭니다. 하느님의 계획은 그래서 심오합니다. 인간을 창조하실 때 인간을 향한 당신의 역할을 염두에 두고서, 실수하게 되는 성향을 전 인류에게 심어 놓으시며 불완전하게 창조하십니다. 그래서 하느님은 불완전하게 창조된 인간이 언제나 당신을 찾고 당신의 능력에 의탁하는 모습을 보여 주기를 원하십니다. 또한 하느님은 불완전하게 창조된 인간이 스스로 완전함을 갖추어 나가야 한다는 것을 인생의 과제로 친히 제정하십니다.

여러분, 실수는 잘못입니까? 잘못이 아닙니까? 실수가 잘못인지

아닌지를 판단하는 기준은, 실수를 범했을 때 내가 가지고 있었던 의도입니다. 실수를 범했을 때 그 의도가 악한 것이었다면, 이 실수는 확실한 잘못입니다. 그러나 반대로, 실수를 범했을 때 그 의도가 선한 것이었다면, 이 실수는 잘못이라고 볼 수 없습니다. 의도치 않은 실수이기 때문입니다. 야고보서를 보면, 야고보 사도는 다음과 같은 가르침을 줍니다. "배를 보십시오. 배가 아무리 크고 또 거센 바람에 떠밀려도, 키잡이의 의도에 따라 아주 작은 키로 조종됩니다." [야고 3,4] 야고보 사도의 이 가르침을 적용시켜 보면, 우리의 실수가 배처럼 아무리 크다 할지라도 키처럼 아주 작은 의도로 조종된다는 뜻입니다. 아주 작은 의도였다 할지라도 그 의도가 악하면, 내가 초래한 실수는 엄청나게 큰 잘못이 되는 것입니다.

오늘 하루를 보내면서, 평소 나 자신이 악한 의도를 가지고 실수를 자처하는 일들은 무엇이 있는지 자세히 성찰해 보길 바랍니다. 혹여나 일부러 계속해서 같은 실수를 반복한다면, 이는 악한 의도에서 비롯된 것일 뿐만 아니라 내 영혼에 깊은 상처를 남기는 꼴이 된다는 것을 꼭 명심해야 하겠습니다. 우리는 불완전하게 창조되었지만, 악한 의도에 따른 실수들을 스스로 줄여 나가는 노력을 통하여, 완전하신 하느님을 서서히 닮아갈 수 있어야 하겠습니다.

97

"용서는 실천과 자유로 가는 열쇠다."

— 한나 아렌트 Hannah Arendt

인간의 마음에 문이 있다면, 그 문을 열 수도 있고 닫을 수도 있을 것입니다. 그리고 인간은 서로가 서로의 마음을, 이 문을 거쳐서 자유롭게 방문할 수 있을 것입니다. 만일 내가 누군가의 마음을 방문했는데, 문이 닫혀 있다면 어떨까요? 그러면, 닫혀 있는 문을 열기 위해서 시도할 것입니다. 그런데 그 문이 굳게 잠겨 있다면 어떨까요? 문이 잠겨 있을 경우, 문을 열기 위한 시도는 결국 수포로 돌아갈 수밖에 없습니다. 열쇠가 없기 때문입니다.

그렇다면 인간이 마음의 문을 잠그는 때는 언제일까요? 내게 잘못을 범한 누군가가 있는데 그 사람을 마음에 받아들이지 못한다면, 이내 나는 그가 들어오지 못하도록 마음의 문을 굳게 잠가 버리곤 합니다. 그런데 문제는, 열쇠를 바로 나 자신이 가지고 있다는 것입니다. 내가 마음의 문을 잠가 버린 이상, 아무도 그 문을 열 수 없습

니다. 이를 토대로 문을 열 수 있는 여부는, 나의 용기와 결정에 달려 있음을 알 수 있습니다. 그리고 용서란, 내가 그 문을 열 수 있는 열쇠를 누군가에게 주는 행동임을 깨닫게 됩니다.

신앙생활을 하고 있는 우리는, 예수님께서 당신의 마음 안에 우리를 받아들여 주시기를 간곡히 청하곤 합니다. 우리가 잘못을 범하여 그분께 상처를 남기고 실망하게 해 드리곤 하지만, 예수님은 (고해성사를 통하여) 우리의 잘못을 너그러이 용서해 주시고 마음의 문을 활짝 열어서 우리를 초대해 주십니다. **"너의 말대로 내가 용서해 주마."** [민수 14,20] 그런데 여기서 중요한 것은, 용서에 '순서'가 있다는 점입니다. **"그러나 너희가 다른 사람들을 용서하지 않으면, 나도 너희의 허물을 용서하지 않을 것이다."** [마태 6,15] 우리가 예수님께 자신의 잘못을 용서받고서 그분의 마음 안에 머무르기를 간절히 원한다면, 우리가 누군가의 잘못을 용서해 주고 그 사람 앞에서 마음의 문을 기꺼이 여는 태도는 어쩌면 당연한 모습인 것입니다. 보다 더 중대한 일을 이루기 위해서라면, 그에 따르는 희생은 언제나 감내할 만한 것이기 때문입니다. 우리가 누군가에게 마음의 문을 과감하게 열 수 있을 때, 비로소 우리 앞에 예수님의 마음도 활짝 열릴 것이요 천국의 문도 활짝 열릴 것입니다.

98

"어리석은 사람은 용서하지도 잊지도 않는다. 순진한 사람은 용서하고 잊어버린다. 현명한 사람은 용서하되 잊지는 않는다."

— 토마스 사즈 Thomas Szasz

베드로 사도는 누군가가 자신에게 죄를 지으면 '일곱 번까지' 용서해 주어야 하는지를 예수님께 묻습니다. 이 물음에 대하여 '일곱 번이 아니라 일흔일곱 번까지'라도 용서해야 한다고 예수님은 대답하십니다. 베드로가 생각한 '일곱 번'은 충분하게 용서했다고 여겨지는 횟수였지만, 예수님은 용서라는 덕목에 충분하다고 여겨지는 마음 자체를 대입해서는 안 된다는 가르침을 주시며 '일흔일곱 번'이라는 횟수로 맞대응하십니다. 여기서 알 수 있는 진리는, 용서에 끝이 있어서는 안 된다는 것입니다. 이를 토대로, 용서란 우리 신앙인이 늘 지니고 다녀야 하는 영적인 장비와도 같은 것임을 유추할 수 있습니다.

그래서 일단은 '누군가의 죄를 끊임없이 용서해야 하는 것'이 우리 모두에게 주어진 과제라는 걸 확인하게 됩니다. 이어서 또 다른 과제가 주어집니다. '그러한 일을 과연 우리가 잊어야 하는가?'라는

224

점입니다. 토마스 사즈는 말합니다. "어리석은 사람은 용서하지도 잊지도 않는다. 순진한 사람은 용서하고 잊어버린다. 현명한 사람은 용서하되 잊지는 않는다." 여기서 그가 제시하는 '잊음'의 여부는, 죄가 아니라 용서에 집중되어 있습니다. 그렇다면, 여러분은 어떤 유형의 사람인가요?

　　우리가 누군가의 죄를 용서했다면, 그 이후에 아무 일도 없었던 것처럼 잊고 지내는 것이 나 자신에게는 유익하지 않습니다. 왜냐하면, 죄에 대한 용서가 하나의 행적이 되기 때문입니다. 내가 누군가의 죄를 용서했다면, 그 용서를 절대 잊지 말아야 한다는 것입니다. 이유는 분명합니다. 죄라는 악의 무기에 대항할 수 있는 선의 무기가 용서밖에 없기 때문입니다. 악을 이기는 것이 선이듯, 죄를 이기는 것은 용서밖에 없기 때문입니다. 이렇듯 영적인 투쟁 구도 안에서 우리가 신앙인으로서 명심해야 할 사항은 다음과 같습니다. (1) 내가 누군가의 죄를 용서해야 한다는 것! (2) 자신이 용서라는 이 선의 무기를 늘 장착하고 있음을 잊어서는 안 된다는 것! 현명한 사람으로 부르심을 받은 우리가, 이를 확실하게 깨달을 수 있기를 바랍니다. "악인들은 아무도 깨닫지 못하지만, 현명한 이들은 깨달을 것이다." [다니 12,10]

99

"옷을 벗어 던지듯 일상의 죄도 잊어버리거나 남에게 주어 버려라.
그리하면 자유로운 인간으로 깨어나 새 삶을 누리게 될 것이다."

— 윌리엄 오슬러 William Osler

'옷이 날개라!'라는 속담이 있습니다. 옷을 입으면 그 옷에 따라서 사람이 다르게 보일 수 있다는 뜻입니다. 그런데 그 옷이 죄로 얼룩진 옷이라면, 이 옷을 입고 있는 사람은 어떠한 심정으로 살아가게 될까요? 예를 들면, 동생을 죽여서 살인자라는 낙인이 찍힌 채로 살아간 카인의 심정과도 비슷할 것입니다. 죄로 얼룩진 옷이 그 옷을 입고 있는 사람에게는 죄인이라는 낙인인 셈이기 때문입니다. 이 참담하고 부끄러운 심정을 떨쳐 버릴 방법이 있을까요? 그것은 바로, 죄로 얼룩진 그 옷을 과감하게 벗어 던지는 일입니다.

천주교에서는 (엄숙한 예식을 통하여) 죄인이 스스로 옷을 벗기 전에, 죄인이 입고 있는 그 옷을 직접 벗겨 줍니다. 여기서 엄숙한 예식이란, '고해성사'입니다. 지금 내가 입고 있는 옷이 죄로 얼룩진 옷이라면, 우리가 '고해소'를 방문해야 하는 건 당연한 처신인 것

입니다. 고해소에 입장한 이가 누구이든, 예수님은 고해성사를 통하여 죄로 얼룩진 그의 옷을 친히 벗겨 주십니다. 그리고 가장 깨끗하고 향기로운 옷으로 새롭게 갈아입혀 주십니다. 그 옷이란, '예수 그리스도'라는 옷입니다. **"여러분은 다 그리스도를 입었습니다."** [갈라 3,27] 예수님은 죄인을 두고서 죄라는 옷을 벗기시고, 그에게 당신이라는 옷을 입혀 주십니다.

신앙인으로서 우리는 다음과 같은 진리를 잊지 말아야 하겠습니다. "예수 그리스도라는 옷이 날개라!" 예수 그리스도와 일치를 이루는 신앙인의 모습이란, 바로 그분의 옷을 입는 것이 아니겠습니까? 평소 나는, 고해성사에 얼마큼 성실히 참여하고 있습니까? 죄로 얼룩진 옷을 언제까지 입고만 있겠습니까?

100

"실수할 것을 겁낸 나머지 아무 모험도 하지 못하는 이들이 있다."

— 보브나르그 Vauvenargues

이 세상에 완전한 사람이 존재할까요? 여러분은 완전한 사람입니까? '실수하지 말자! 더 이상 실수하면 안 된다!' 이렇듯 자기 자신에게 최면을 걸면서 다짐을 반복하는 우리지만, 본의 아니게 실수도 반복하는 우리입니다. 왜 그럴까요? 우리는 불완전한 사람이기 때문입니다. 야고보 사도는 바로 이 점을 강조하고 있습니다. "우리는 모두 많은 실수를 저지릅니다. 누가 (…) 실수를 저지르지 않으면, 그는 (…) 완전한 사람입니다." [야고 3,2]

우리가 불완전한 사람이라서 실수라는 이 행위로부터 벗어날 수 없다면 (이것이 하느님의 섭리라면) 실수를 인정하고 받아들이는 태도는 더없이 중요합니다. 왜냐하면 실수란 내 인생에서 완성을 이루기 위해, 필요한 자원이기 때문입니다. 예를 들어, 인생이라는 작품을 완성했을 때 이 작품에는 실수의 조각들이 함께 붙여져 있다는 것

입니다. 다시 말하면, 실수의 조각들을 제거했을 때 인생이라는 작품은 미완성으로 남는 것입니다.

예수님께서는 당부하십니다. "너희 아버지께서 완전하신 것처럼 너희도 완전한 사람이 되어야 한다." [마태 5,48] 이는 불완전하게 창조된 우리가 (어떠한 실수도 용납하지 않는) 비현실적인 인간으로 살아가라는 뜻이 아닌, (어떠한 실수에도 좌절하지 않고 이를 경험으로 삼아) 서서히 완전한 모습을 갖추어 나가는 현실적인 인간으로 살아가라는 뜻이 아닐까요?

101

"내게 중요한 것이라면 비난과 오해를 받을 수 있더라도 입 밖으로
내놓고 다른 사람이 알게 해야만 한다는 것을 나는 거듭거듭 깨달
았다."

— 오드르 로드 Audre Lorde

오드르 로드의 명언은 '용기'라는 단어를 떠오르게 합니다. 우
리는 해마다 교회 전례력으로 성령 강림 대축일을 기념하고 있습니
다. 교회는 성령께서 우리에게 베풀어 주시는 일곱 가지의 은혜恩惠
에 집중하고 있습니다. 문득, 성령칠은聖靈七恩 가운데 굳셈 즉 '용기'
라는 은혜에 관하여 묵상해 봅니다. 고대 로마의 희극 작가인 테렌스
Terence는, 바로 이와 같은 묵상을 제대로 이행한 인물이라는 생각이
듭니다. 그가 남긴 말은 이렇습니다. "하늘은 용기 있는 자를 돕는
다." 저는 그의 말을 다음과 같이 해석하고 싶습니다. "하늘(에 계신
성령)은 용기(라는 은혜를 발휘할 수) 있는 자를 돕는다."

평소 여러분은 얼마큼 용기를 발휘하며 살아가고 있습니까? 저
는 모든 신앙인에게 필수적으로 주어지는 성령의 은혜가, 바로 용기

라고 확신합니다. 상식적으로, 신과 인간의 관계를 생각해 보면 도움이 됩니다. 작고 보잘것없는 우리가 전지전능하신 하느님께 대한 믿음을 가지고 그분 앞으로 나아간다는 것은, 큰 용기 없이는 불가능한 처사이기 때문입니다. 마찬가지로, 수많은 순교자가 목숨을 바쳐 신앙을 증거할 수 있었던 이유는, 그들이 가지고 있었던 용기 때문이었습니다. 하느님을 향한 용기가 세상을 향한 용기로, 그대로 이어졌던 것입니다.

용기는 우리에게 이미 주어진 선물인데, 내가 그 포장지를 뜯어보려는 시도조차 하지 않는 것은 아닌지 성찰해 볼 필요가 있습니다. 내가 용기를 내어 무언가를 시도했을 때, 결과가 만족스럽지 못할 수도 있습니다. 하지만, 용기는 성공의 가능성을 높이는 유일한 원동력이 됩니다. 예수님께서는 공생활 시절에 다음과 같은 말씀을 자주 하셨습니다. **"용기를 내어라."** [마태 9,2.22 14,27; 마르 6,50; 요한 16,33; 사도 23,11 참조] 하늘은 용기 있는 자를 돕는다는 말처럼, 예수님께서는 실제로 용기를 내는 자들을 도와주셨다는 사실이 성경에 분명하게 기록되어 있습니다. 용기를 내지 못한다면 우리가 할 수 있는 일은 사실 아무것도 없습니다. 여러분, 주저앉아만 있을 것이 아니라, 용기를 내어 힘차게 자리를 박차고 일어나기를 바랍니다. 그리고 내가 계획한 일을 과감하게 시도하길 바랍니다. 그리스도께

서 나를 통하여 살아가시고 나를 통하여 역사하시는 이 신비란, 내가 용기를 내는 바로 그 순간 비로소 이루어진다는 사실을 꼭 명심해야 하겠습니다. 우리는 그리스도인이기 때문입니다.

102

"행복으로 가는 길은 두 가지 원칙 위에 놓여 있다. 내가 좋아하고 내가 잘할 수 있는 것을 찾은 다음, 거기에 온 힘을 다하는 것이다. 내가 가진 에너지, 야망, 그리고 타고난 재주 등을 하나도 남김없이."

— 존 D. 록펠러 3세 John D. Rockefeller III

여러분이 가진 에너지는 얼마나 됩니까? 이 물음에 대답하기는 어렵습니다. 에너지의 총량을 가늠하기란 불가능하기 때문입니다. 사람에게 있어서 에너지란? 사용하는 시간에는 줄지만, 사용하지 않는 시간에는 다시 채워집니다. 마치 전자 제품을 사용하고 다시 충전하는 원리처럼 말입니다. 무언가를 할 수 있는 에너지가 있다면, 내가 좋아하고 내가 잘할 수 있는 일에 그 에너지를 사용하는 처신은 매우 바람직한 것입니다. 왜냐하면, 에너지를 사용한 만큼의 성과와 보람을 얻을 수 있기 때문입니다. 반면에… 내가 좋아하지도 않고 내가 잘할 수도 없는 일에 에너지를 사용하게 되면, 이는 쓸데없이 에너지를 낭비하는 결과를 초래합니다. 왜냐하면, 에너지를 사용한 만큼의 성과도 보람도 얻을 수 없기 때문입니다.

〈꿈꾸는 스무 살을 위한 101가지 작은 습관〉(텔렌 마이데너 Talane Miedaner 著)이라는 책을 보면, '에너지 공식'에 관한 내용이 나옵니다. "성공한 사람들이 사용하는 공식은 아주 간단하다. 에너지를 쓸데없이 빼앗아 가는 일을 줄이고, 반대로 에너지를 충전해 주는 일에 집중함으로써 자신이 발휘할 힘을 키우는 것이다. 간단하다고 했지만, 사실 그 과정이 말처럼 쉬운 것은 아니다." 이 글을 통하여 알 수 있는 사실이 있습니다. 내가 좋아하지도 않고 내가 잘할 수도 없는 일에 굳이 에너지를 사용할 필요가 없으며, 그러한 처신이 결국 에너지를 충전하는 것과 같은 효과를 얻게 한다는 점입니다.

우리의 몸이 수명을 이어 가는 한, 에너지는 줄고 채워지는 이 순환을 계속해서 반복할 것입니다. 그렇다면, 내가 지닌 '에너지를 과연 어떠한 일에 사용할 것인가'에 관한 문제는 대단히 중요한 것입니다. 우리의 몸은 언젠가 그 수명이 다할 것이기 때문입니다.

103

"우리는 자신을 비참하게 만들 수도 있고 강인하게 만들 수도 있다.
둘 다 드는 힘은 똑같다."

— 카를로스 카스타네다 Carlos Castaneda

힘은 곧 에너지입니다. 이는 하느님께서 인류에게 허락하신 선물 가운데 하나로, 인류가 삶을 영위하는 데에 없어서는 안 될 필수적인 요소로 자리합니다. 에너지는 일정 기간 사용이 가능한 총량이 정해져 있습니다. 즉 아껴서 사용해야 하는 주의가 요구됩니다. 그래서 시대를 불문하고 인류는 일상에서 사용하고 있는 에너지를 낭비해서는 안 된다는 캠페인Campaign을 벌이고 있습니다. 다만 에너지는 다시 충전할 수 있도록 하느님께서 섭리하셨습니다. 이러한 이유로, 에너지는 오묘하게도 쉬지 않고 계속해서 순환하고 있습니다.

그런데 이 에너지는 우리 스스로 지닌 것이기도 합니다. 인간은 모두 자신이 지닌 에너지를 사용하고 또 충전하는 반복된 생활을 이어 가고 있습니다. 하루를 살아가야 할 에너지의 총량이 100이라면, 나는 이 에너지를 24시간 동안 어떻게 분배하여 사용하고 있는지요?

중대한 일에 에너지를 사용하기에도 모자라는데, 괜히 쓸데없는 일에 에너지를 낭비하고 있는 것은 아닙니까?

　　매일의 삶에 주어지고 있는 100이라는 이 에너지가 하느님께서 나에게 허락하신 선물임을 잊고 살아가는 것은 아닌지 반성해 봅니다. 하루를 살아가야 할 에너지가 곧 하느님께서 나에게 허락하신 에너지요, 이 에너지를 허락하신 분을 위해서 내가 사용하는 에너지는 과연 얼마인지 우리는 자세히 점검해 보아야 하겠습니다. 세속에 낭비하는 에너지를 최소화하고 이를 아껴서 신앙에 사용하는 에너지를 극대화한다면, 우리에게 구원이란 아주 가까이에 있을 것입니다.

104

"딸이여, 담력이 있어야 할 자리에 소망을 키우지 마라."
— 클레멘타인 패들포드 Clementine Paddleford

'시소See-saw'는 균형점이 한가운데에 맞추어져 있는 긴 널판을 말합니다. 인간의 심리를 이 시소에 비유해 봅시다. 시소의 양쪽은 '겁'과 '용기'가 서로 대치하고 있는 형태로 이루어져 있습니다. (내가 심리적으로 겁에 치우쳐서 시소가 그쪽으로 기울게 되면) 나는 그저 소망만을 키우는 겁怯쟁이가 될 것이며, (내가 심리적으로 용기에 치우쳐서 시소가 그쪽으로 기울게 되면) 나는 과감하게 담력을 키우는 용자勇者가 될 것입니다.

여기서 우리가 명심해야 할 사항이 있습니다. 내가 만일 시소의 한가운데에 서 있다면, 겁이든 용기든 둘 중 하나에 조금만 치우쳐도 시소는 그쪽으로 기울어진다는 점입니다. 그렇다면, 과연 시소 위에서 우리의 선택과 시도는 어떠해야 할까요? 마르코 복음서에서는, 이러한 상황에 대한 처신을 명백하게 알려 주고 있습니다. "모

두 (…) 겁에 질렸던 것이다. 예수님께서는 곧 그들에게 말씀하셨다. "용기를 내어라." [마르 6,50]

시소의 한가운데에 서 있는 나에게 겁으로 치우치는 성향이 드러날 때 곧바로 반대를 바라보고(=선택) 나아가는(=시도) 태도가 곧 용기입니다. 이러한 선택과 시도는 매사에 나를 용감한 신앙인으로 성장하게 만드는 원동력이 될 것입니다. 겁과 용기의 사이에서 시소가 한쪽으로 기우는 것은, 고작 한 끗 차이라는 사실을 꼭 명심해야 하겠습니다.

🔍 과제

105

"세상은 모두가 문이고, 모두가 기회이며, 올려 주기를 기다리는 팽팽한 줄이다."

— 랠프 월도 에머슨 Ralph Waldo Emerson

이 세상에서 시대는 변화를 거듭하고 있습니다. 여기서 변화라는 말 자체는 수많은 가능성을 내포합니다. 우리가 겪고 있는 포스트 코로나 시대는, 이 세상에 속해 있는 하나의 과정일 뿐입니다. 코로나 시대도 이미 지나간 과정이 되어 버렸기 때문입니다. 때로는 우리가 겪고 있는 시대가 언제까지 지속될지 모르는 걱정과 두려움 때문에, 우리는 인내하기를 포기하기도 합니다.

그러나 신중하게 성찰해 보아야 합니다. 세상에 속해 있는 하나의 과정인 시대가… 우리에게 진정한 행복의 가치를 깨달으며 살아가는 새 시대를 여는 '문'이 될 수 있으며, 우리가 보다 더 성장하고 보다 더 쇄신하는 '기회'가 될 수 있으며, 낚시꾼이 기다림 끝에 낚싯줄로 대어를 낚듯이 우리가 기다림을 통하여 신앙의 보람을 낚는 소중한 '줄'이 될 수 있는 것입니다. 이는 곧 가능성을 뜻합니다.

　우리는 하루하루의 삶을 마주할 때, 가능성 여부를 따지지 않고 그저 주어진 대로 흘러가는 대로 살아가려는 경향이 있습니다. 하지만, 아버지 하느님께서는 당신의 자녀들을 양육하시기 위해서 이 세상에 수많은 가능성을 열어 두십니다. 이것이 바로, 세상을 주관하시는 하느님의 섭리이기 때문입니다. 가능성을 발견하고 획득하고 실행하는 여부란, 나 자신에게 달려 있음을 꼭 명심해야 하겠습니다. 요즈음 내가 겪고 있는 시대가 절체절명絶體絶命의 상황이라 할지라도, 나의 신앙생활이 거룩하게 변화될 가능성은 지금 내 앞에 놓여 있는 것입니다.

106

"처음으로 자신에게 마음껏 웃어 본 날, 당신은 성장한다."
— 에델 배리모어 Ethel Barrymore

이 명언을 자세히 들여다보면, 문장 가운데 특이한 부분이 있습니다. '웃어'라는 부분이, '비웃어'라는 뜻과 같은 의미로 쓰였다는 점입니다. '비웃어'는? 동사 '웃다'의 활용형인 '웃어' 바로 앞에, 접두사 '비'가 붙은 표현입니다. '웃는' 것과 '비웃는' 것은 느껴지는 어감이 확연히 다릅니다. 웃는 행위는 나 자신에게 혹은 타인에게 향하는 경우가 비일비재非—非再하지만, 비웃는 행위는 주로 타인에게 향하는 경우가 상당히 많습니다. 이유가 무엇일까요? 비웃는 행위가 화살이라면, 나 자신은 과녁이라고 생각하고 싶지 않은 이유일 겁니다. 이는 내가, 자신만큼은 업신여기고 싶지 않은 그러한 마음에서 우러나오는 지극히 자연스러운 현상일지도 모르겠습니다.

"처음으로 자신에게 마음껏 웃어 본 날, 당신은 성장한다." 에델 배리모어가 이 명언을 통하여 전하고자 하는 당부는, 자기 모습을 되

돌아보며 때로는 스스로를 비웃을 수 있는 자유가 우리들 각자에게 필요하다는 뜻입니다. 지난날을 돌이켜 보면, 내가 나 자신을 비웃었던 경험들이 분명하게 있다는 사실을 알게 됩니다. 내가 스스로 자처한 '실수'들에 대해서 그렇습니다. 이러한 실수들이 얼마나 우스운 것들이었는지를 깨닫게 된다면, 그 깨달음은 우리에게 큰 위안을 줄 것입니다. 실수에 좌절하지 않는 가운데, 오히려 그 실수를 토대로 새롭게 도약할 수 있는 에너지가 생길 것이기 때문입니다.

　　우리는 친하지도 않은 사람이 나의 실수에 대해서 따끔한 조언을 해 주면, 기분이 상하기 십상입니다. 하지만 따끔한 조언을 해 주는 그 사람이 나와 친한 사이라면, 도리어 고맙게 생각할 것입니다. 이러한 관점에서, 내가 나 자신을 대하는 자세를 생각해 볼 필요가 있습니다. 나와 가장 친한 존재란 그 누구도 아닌 바로 나 자신임을 감안했을 때, 내가 조언을 해 주는 대상이 나 자신이라면 어떨까요? 조언이라는 정의의 잣대가 엄격할수록 나 자신에게는 상당히 유익할 것입니다. 내가 스스로를 비웃을 수 있는 자유는 그래서 필요한 것입니다. 그리고 비웃음의 순간에 실수를 훌훌 털어 버리고, 우리는 같은 실수를 반복하지 않을 방법을 스스로에게 조언해 줄 수 있는 것입니다. 오늘 하루를 보내면서, 평소 내가 실수를 자처했을 때 스스로를 어떻게 보살피며 다스리고 있는지 자세히 점검해 보길 바랍니다.

107

"자신을 있는 그대로 받아들이고 자주적으로 생각하라. 당신이 내린 결론이 완전무결하지 않을 수도 있지만 최소한 강요된 결정보다는 바른 쪽에 더 가까울 것이다."

— 엘버트 허버드 Elbert Hubbard

엘버트 허버드의 이 명언은, 불완전하게 창조된 인간이 완전하신 하느님을 닮아가는 여정을 떠오르게 합니다. 여러분, 다들 '시행착오試行錯誤'를 한 번쯤은 겪어 보았을 겁니다. 시행착오라는 이 개념은 미국의 한 심리학자가, 복잡한 미로가 있는 형틀 안에 실험에 쓰이는 쥐를 넣어서 그곳을 어떻게 빠져나가는가를 연구하여 깨달은 원리입니다. 이 학자는, '시행착오의 반복'을 '연습'이라고 정의했습니다. 어떤 문제를 해결하는 데 걸린 시간이 (착오에도 불구하고 시행 횟수가 증가함에 따라서) 확실하게 감소한다는 걸 발견했던 것입니다.

우리도 인생을 살아가다 보면, 다양한 환경에 처하게 되거나 혹은 다양한 사람을 만나게 됩니다. 그런데 (다양함에 익숙지 않아) 내가 처하는 환경들 안에서 내가 만나는 사람들 앞에서, 본의 아니게

실수하거나 실패를 맛보기도 합니다. 만일 내가… 실수나 실패가 잦아질수록 '자책감을 갖게 되면' 도중에 포기하고 싶은 마음이 들지만, 실수나 실패가 잦아져도 '이를 기회로 삼는다면' 문제 해결에 점점 더 가까워진다는 것입니다. 그렇다면 우리는, 반복되는 실수나 실패에 대하여 이에 자책감을 가져야 할까요? 이를 기회로 삼아야 할까요?

고해성사 때 적지 않은 교우들이 고충을 늘어 놓습니다. 자신이 풀지 못하고 있는 숙제에 관하여 말입니다. 그 숙제란, '반복하여 범하고 있는 죄의 유혹을 어떻게 극복해야 하는 것인가'라는 내용입니다. 고해소에서 자신이 고백했던 죄를 용서받고 일상으로 돌아가면, 또 같은 유혹이 찾아와서 그 죄를 다시 범하게 된다고… 이와 같은 상황이 반복된다고 노심초사勞心焦思합니다. 이를 극복할 방법이 도대체 무엇인지 조언을 구합니다. 우리는 습관적으로 범하는 죄를 두고서 현명하게 대처할 필요가 있습니다. 자책감에 빠져서 자포자기自暴自棄하여 죄의 속박에서 영원히 벗어나지 못할 것인지, 반성과 성찰의 시간을 통하여 죄의 굴레를 벗어날 때까지 꾸준히 연습하는 그 기회를 놓치지 않을 것인지… 선택은 바로 나 자신에게 달려 있습니다. 불완전한 상태이지만 조금씩 완전함을 이루어 서서히 하느님을 닮아가는 우리 모두가 되기를 간절히 소망합니다.

108

"약속하기는 구름, 약속 지키기는 비."

— 아랍 격언

　　본당에서 사목을 하는 사제가 저와 같은 성직자가 일주일 중 유일하게 쉬는 날은 월요일입니다. 휴식의 시간을 두고서, 다음과 같은 질문을 나 자신에게 던져 봅니다. '(수동적으로) 아무것도 하지 않고 쉬기만 할 것인가? (능동적으로) 무언가라도 하면서 쉬는 것은 어떨까?' 아무것도 하지 않고 쉬기만 하니 마음은 편할지 몰라도 몸은 개운하지 않고 찌뿌둥하다는 걸 느꼈고, 무언가라도 하면서 쉬면 몸도 마음도 활력이 생긴다는 걸 느꼈습니다. 그래서 저는 매주 월요일마다 전기 자전거를 타고 있습니다. 거리에 상관없이 돌아다니며 자연을 만끽하고 맛집도 찾아다니는 재미가 참으로 쏠쏠합니다. 그런데 늘 염두에 두는 것이 있으니, 그것은 바로 '날씨'입니다. 비가 내리는 날에는 자전거를 제대로 탈 수 없기 때문입니다.

　　그래서 저는 자전거를 타기에 앞서, 날씨가 어떠한지 알아보기

위하여 사전에 일기 예보를 확인하곤 했습니다. 하지만 일기 예보만 믿다가 허탕을 치고서야 이에 전적으로 의지할 수 없다는 판단에, 직접 하늘을 먼저 확인하는 습관이 생겼습니다. 하늘에 떠 있는 구름의 형태를 말입니다. 하늘에 수직으로 높게 솟아올라서 두꺼운 층을 이루는 '적운형 구름'인지, 하늘에 수평으로 낮게 누워서 얇은 층을 이루는 '층운형 구름'인지…. 구름의 모양과 짙은 정도에 따라 비가 내릴 확률을 얼추 가늠할 수 있다는 것을 알게 되었습니다. 햇볕이 통과하지 않을 만큼 짙은 먹구름층의 형성은, 비가 내릴 확률을 보다 더 높이는 중요한 표징이 됩니다.

아랍인들 사이에서 읊어지는 유명한 격언이 있습니다. "약속하기는 구름, 약속 지키기는 비." 이 격언을 두고서 깊은 생각에 잠겨 있으니, 심오한 의미를 담고 있음을 깨닫게 되었습니다. 저의 생각은 이렇습니다. 구름을 이루는 얼음 알갱이가 곁에 있는 수증기와 약속합니다. 우리가 하나가 되면 땅으로 내려갈 수 있다고…. 얼음 알갱이에 수증기가 계속해서 달라붙어서 커지니, 결국 얼음 알갱이는 입자가 무거워져서 아래로 떨어집니다. 얼음 알갱이가 떨어지다가 녹으니 비가 되어 이내 땅에 도착합니다. 얼음 알갱이와 수증기의 약속은 비로소 성사됩니다. 이처럼 구름에서 비가 생성되기까지, 얼음 알갱이와 수증기가 하나가 되는 과정은 반드시 필요합니다. 마찬가지

로, 우리의 신앙도 어떤 결과물을 얻으려면, 예수 그리스도와 내가 하나가 되는 과정이 반드시 필요한 것입니다. 예수님께서는 다음과 같은 말씀을 하십니다. **"내 안에 머물러라. 나도 너희 안에 머무르겠다."**[요한 15,4] 우리의 삶에 때로는 어두운 먹구름처럼 고통과 시련의 시간이 찾아오기도 합니다. 그럼에도 불구하고, 내가 신앙으로 예수님의 곁에 머무르는 가운데 그분과 일치된 삶을 이루어 나갈 수 있다면, 예수님께서는 분명 당신의 은혜를 내 영혼에 단비처럼 내려 주실 것이라고 굳게 믿습니다. 먹구름에서 단비가 쏟아지듯이…. 예수님께서는 그렇게 하나가 되시기 위하여 오늘도 여러분을 애타게 기다리십니다. 여러분은 하루의 시간 동안 얼마큼 예수님을 찾고 그분의 곁을 향하여 나아가고 있습니까?

109

"빚은 스스로 만들고, 스스로 속임수에 끌어들인 후, 뻔히 알면서도
제 발로 빠져드는 덫이다."

— 조시 빌링스 Josh Billings

여러분에게는 어느 정도의 빚이 있습니까? 대개 우리는 빚이라
하면 '돈'을 즉 물질적인 것을 떠올리는 성향이 있습니다. 그런데 우
리가 신앙인이라면, 물질적인 것이 아닌 비물질적인 것에 대한 빚은
없는지 성찰해 볼 필요가 있습니다. 신앙인의 입장에서 비물질적인
것이라면, 대표적으로 '은혜'를 떠올릴 수 있습니다. '은혜를 갚는다.'
라는 말이 있는 것처럼 내가 하느님으로부터 무상으로 받은 은혜를
두고서, 과연 어떻게 보답하며 갚아 나갈 것인지가 모든 신앙인의 숙
제인 것입니다.

제가 사제 서품敍品을 앞둔 부제副祭였을 당시에 대학원 논문을
준비하다가, 어느 간행물에서 '모든 인류는 하느님께 빚을 진 것이고
그 증거가 바로 십자가다.'라는 글귀를 본 기억이 납니다. 이 글귀를
통하여 깨달은 것은? '예수님'과 '인류의 죄'가, 십자가에 '함께' 못 박

했다는 사실이었습니다. 예수님의 희생으로 인하여 우리가 범한 수 많은 죄가 십자가에 못 박혀 죽어서 사라져 버리는 이 신비는, 진정 놀라운 은혜인 것입니다. 그래서 예수님의 십자가 사건 하나만으로 우리는 아주 큰 빚을 진 셈입니다. 죄의 굴레를 벗어나지 못할 것처럼 여겨졌던 우리의 현주소에, 죄의 굴레로부터 자유로워질 수 있는 길이 열렸기 때문입니다. 그리고 그 길은 부활復活과 영생을 보장하는 길이 되었습니다. 이 모두가 하느님의 계획이요 그분으로부터 우리에게 무상으로 주어진 은혜입니다.

결국 우리의 신앙생활이란, 하느님의 은혜라는 이 고귀한 빚에 대하여 우리가 복음적인 삶을 살아감으로써 조금씩 조금씩 보답하며 갚아 나가는 여정인 것입니다. 그러나 꼭 명심해야 할 사항이 있습니다. 우리가 복음적인 삶을 살아가지 못한다면, 빚은 더 이상 고귀함을 잃어버릴 것입니다. 그리고 그 빚은 산더미처럼 쌓여서 마치 족쇄처럼 평생 나를 옭아매는 부담되고 버거운 짐으로 남게 될 것입니다. 빚이 고귀함을 잃어버리는 그 순간을 피하기 위해, 오늘도 우리는 신앙의 여정 위에서 복음적인 삶을 열심히 이어 갑니다.

110

"진실은, 아무도 자기 집 거실에 들어오는 것을 보고 싶어 하지 않는 거칠고 솔직하고 설치는 테리어 강아지다."

— 위다 Ouida

가정견으로 불리는 테리어Terrier 품종은 우리에게 익숙한 동물입니다. 위다의 명언을 보면, '진실'이라는 단어를 '가정견'에 비유합니다. 가정에서 키우는 강아지는 자신이 머무는 공간에 대한 집착이 있습니다. 그래서 그 공간을 지키려 하는 성향을 본능적으로 드러내곤 합니다. 만일 자신이 머무는 공간에 불청객이 방문한다면 그를 두고서 소리를 내어 짖는 강아지의 이러한 행위가, 때로는 거칠고 때로는 솔직하고 때로는 설치는 모습처럼 비칩니다.

진실이란 것도 그 본연의 내용에 대한 고유함이 지켜져야 할 필요가 있습니다. 진실을 인격화한다면, 진실 또한 머무는 공간이 있을 겁니다. 그러나 문제는 진실을 마주한 이들로부터 시작됩니다. 진실이 머무는 거실에 들어가 진실을 마주한 이들이 있다면, 그들은 자신이 생각하는 방식대로 진실을 대할 수가 있기 때문입니다. 다시 말하면, 진실이 다른 누군가에 의해서 얼마든지 왜곡될 수 있다는 뜻입니

다. 그러니 진실은 누군가의 방문을 꺼리고 회피하며 스스로의 정체성을 지키려 하는 성향이 본능적으로 있다는 것입니다. 왜곡되지 않은 고유한 본연의 내용 그 자체가 바로, 진실이기 때문입니다.

베드로 사도는 우리에게 일침을 가합니다. **"무엇보다 먼저 이것을 알아야 합니다. 성경의 어떠한 예언도 임의로 해석해서는 안 됩니다."** [2베드 1,20] 하느님의 뜻이 담긴 가르침은 모두가 진실입니다. 이 진실은 선조들과 예언자들 그리고 예수님과 사도들에 의하여 무구無垢한 상태로 전해지게 되었고, 비로소 말씀으로 성경에 기록되어 우리들이 마주하게 되었습니다. 그런데 때로는 말씀에 대한 이해가 부족할 때, 우리는 자신이 생각하는 방식대로 이를 해석하려는 경향이 있습니다. 이는 매우 위험한 태도입니다. 말씀이 나로 인하여 왜곡된다면, 그 말씀은 더 이상 진실이 아닌 것이 될 수 있기 때문입니다. 성경 말씀이란 하느님의 뜻이 담긴 가르침으로, 고유한 본연의 내용이 보존되어야 할 필요가 있습니다. 즉 우리가 가진 사고의 틀에 갇혀 있을 말씀이 절대 아니라는 점입니다. 성경 말씀을 마주할 때마다, 우리가 그 말씀 안에서 하느님의 뜻을 고유한 그대로 이해하고 받아들일 수 있기를 희망합니다. 말씀을 대하기 이전에 말씀 앞에서 내가 가진 사고방식을 먼저 내려놓는 태도가 우선되어야 한다는 점을 꼭 명심하길 바랍니다. 마지막으로, 신명기의 말씀을 되새겨 봅니

다. "너희는 주 너희 하느님께서 천대에 이르기까지 진실하신 하느

님이심을 알아야 한다." [신명 7,9]

———— *111*

"자신의 노력이 따르지 않은 낙관주의는 단순히 마음 상태일 뿐, 결실은 기대할 수 없다."

- 에드워드 L. 커티스 Edward L. Curtis

평소 우리에게 이러한 다짐은 걱정과 근심이라는 짐을 덜어 주곤 합니다. '괜찮아… 다 잘될 거야.' 마치 혼자서 주문을 외우듯이, 이내 다짐을 반복하곤 합니다. 내가 처한 상황이 도무지 캄캄한 어둠뿐이고 희망조차 없다면 스스로 다짐하기보다는 쉽게 포기하겠지만, 캄캄한 어둠 속에서도 희망이라는 한 줄기의 빛을 발견했다면 스스로의 다짐은 끝까지 포기하지 않는 강력한 힘이 되기도 합니다.

'괜찮아… 다 잘될 거야.'라는 다짐은 '낙관樂觀'하는 모습입니다. 희망하는 바가 있기 때문입니다. 그런데 이와 같은 모습이 매사에 버릇처럼 습관이 되면, 이는 '낙관주의'에 빠지는 원인이 되기도 합니다. 낙관주의란, 희망의 산물입니다. 많은 학자는 지나친 낙관주의를 경계하라고 일침을 가합니다. 괜찮을 거라는 다 잘될 거라는 생각에만 젖어 있으면, 사실 생각만 하고 있을 뿐 노력은 하지 않는 상

254

태이기 때문입니다.

집회서에는 다음과 같은 가르침이 나옵니다. "**나 자신이 얼마나 적은 노력을 기울여 큰 안식을 얻게 되었는지 너희 눈으로 보아라.**" [집회 51,27] 여기서 안식이란, 우리가 희망하는 바를 비로소 이루게 되어 누리는 안식임을 생각해 볼 수 있습니다. 다시 말하면, 평소 우리가 노력하는 태도에 비하여, 하느님으로부터 우리에게 주어지는 선물이 훨씬 더 크다는 의미입니다. 신앙의 여정은 낙관주의라고 볼 수 있지만, 낙관주의를 가진 당사자의 노력이 반드시 동반되어야 하는 낙관주의입니다. 스스로의 노력이 따르는 낙관주의를 추구하는 신앙인에게 참된 결실은 기대할 만한 것임을, 여러분 모두 신앙으로 증명할 수 있기를 기원합니다. 노력하는 신앙인에게 구원은 이미 보장되어 있기 때문입니다.

112

"억지로라도 웃으며 잠자리에서 일어나라. 즐거운 일이 있어서 웃는 게 아니라 억지로라도 웃기 때문에 기분이 좋아진다. 어떤 기분을 얼굴 표정으로 나타내면 얼굴 표정 때문에 기분이 달라진다는 것은 이미 여러 실험으로 증명되었다."

— 케네스 구드 Kenneth Goode

저는 성직자라는 이유로, 일상에서 참으로 다양한 부류의 사람들을 만나게 됩니다. 그러다 보니, 자연스럽게 '호감형'과 '비호감형'을 선별하는 기준이 생겼습니다. 누군가를 '호감형'이라고 판단하는 저의 개인적인 잣대는, 그가 얼마큼 미소를 짓는 사람인가의 여부입니다. 비록 작은 미소라 할지라도 이 미소는 상대방을 기분 좋게 만드는 소중한 에너지가 되기 때문입니다. 이는 반대의 상황에서도 마찬가지일 겁니다. 그래서 저 역시도 누군가의 앞에서 억지로라도 웃으려고 노력하는 습관이 몸에 배었습니다. 이러한 습관을 유지하다 보니, 한 가지 깨달은 것이 있습니다. 내가 미소를 지으면, 상대방을 기분 좋게 만들 뿐만 아니라 동시에 나 자신도 기분이 좋아진다는 점이었습니다.

심리학에서 사용하는 '안면 피드백 가설Facial feedback hypothesis'

이라는 용어가 있습니다. 사람이 일부러 약간의 미소를 짓는 가운데 누군가를 혹은 무언가를 바라보거나 대하면, 그 누군가에 혹은 그 무언가에 대하여 스스로 긍정적인 생각을 가지게 된다는 설입니다. 쉽게 설명하자면… 생각이 표정을 만들어 내기 이전에, 표정이 생각을 먼저 유도할 수 있다는 참으로 놀라운 주장입니다. 평소 우리가 누군가를 혹은 무언가를 두고서 생각이란 것을 할 수밖에 없다면, 생각하기 이전에 내가 과연 어떤 표정을 짓고 있는지가 관건인 것입니다. 정리하자면 이렇습니다. (1) 우리가 미소라는 이 웃는 표정을 지을 때 (2) 기분이 좋아지니 (3) 긍정적인 생각을 가지게 된다는 것입니다.

〈중년 건강 백과〉(오한진 著)라는 책을 보면, 다음과 같은 불변의 정의를 제시하고 있습니다. '긍정적인 생각이 만병통치약이다.' 신앙인이라면 긍정적인 생각을 가지고 살아가야 합니다. 왜냐하면 예수님께서 전해 주시는 복음은, 우리가 신앙인으로서 맞이하게 되는 상황들에 대하여 늘 긍정적으로 처신하는 습관을 길러 주기 때문입니다. 절망 속에서도 좌절하지 않고 희망을 안고서 도약하는 것이 신앙인의 자세요, 이는 긍정적인 생각에서 비로소 시작됩니다. 지금 우리에게 주어진 과제란? 일상에서 억지로라도 웃어 보는 노력입니다. 억지로라도 웃는 표정을 짓는 나의 이 작은 미소가, 기분을 좋게

하고, 긍정적인 생각을 가지게 하여, 만병통치약처럼 매사에 신비로운 효력으로 작용할 수 있기를 간절히 소망합니다.

113

"부드러운 사랑의 손길이야말로 치유에 가장 절실한 성분이라는 사실은 어느 시대라도 늘 인정받아 왔다."

— (의사) 래리 도시 (Doctor) Larry Dossey

나이가 들면서 가끔 홀로 생각에 잠깁니다. 병으로부터 자유로울 수 있는 그런 세상에서 살고 싶다는 생각이 들곤 합니다. 부귀영화富貴榮華를 누리던 사람이라 할지라도, 병 앞에서는 한없이 나약해집니다. 발병할 경우 병이 한 사람의 삶을 좌지우지할 수 있음에, 병의 존재는 대단히 위협적이라고 볼 수 있습니다. 태초부터 인류는 병과 공생하며 살아왔는지도 모르겠습니다. 병의 위험성을 경계하는 가운데 병을 마주하고 또 극복하는 가운데 인류가 자연스럽게 진화했는지도 모르겠습니다. 지금의 시대도 우리는 병의 위세로부터 자유롭지 못합니다. 병이라는 이 질환을 일으키는 각종 바이러스와 끝이 보이지 않는 투쟁을 하고 있는 현실입니다.

'병 자랑은 하여라!'라는 옛 속담이 있습니다. 사람이 발병하여 병을 안고 사는 처지에 놓이게 되면, 그 병을 숨기지 말고 서슴없이

주변에 알리라는 뜻입니다. (A) 알리지 않으면, 아무도 모르기 때문입니다. 병자는 홀로 병마와 싸워야 한다는 생각에 '외로움'을 느끼게 되고, 시간이 지날수록 병마와 싸워서 이길 수 없다는 '절망'에 빠집니다. 그러나 (B) 알리면, 비로소 주변 사람들은 병자에게 집중하고 또 다가옵니다. 상황이 달라지는 것입니다. 병자는 병마와 맞선 상황에서 혼자가 아니라는 생각에 '든든함'을 느끼게 되고, 시간이 지날수록 병마와 싸워서 이길 수 있다는 '희망'은 커집니다. 그리고 그 희망은 '용기와 인내'라는 열매를 맺습니다.

공생활 시절에 예수님께서는 늘 병자를 두고서, 그에게 손을 대시는 행위를 보여 주십니다. 그리고 그 손으로 병자의 병을 치유해 주십니다. 여기서 우리는 예수님의 손에 집중해야 합니다. '손'이란, 결국 '손길'을 가리키는 의미가 담겨 있기 때문입니다. 병자에게는 누군가의 손, 즉 누군가의 손길이 반드시 필요하다는 뜻입니다. 이는 치유의 가능성을 높이는 계기가 됩니다. (내가 병을 안고 있다면) 누군가에게 진심으로 도움의 손길을 청하고, (누군가가 병을 안고 있다면) 그에게 진심으로 사랑의 손길을 내미는 우리가 되기를… 그리고 그 손길이 병을 치유하는 특효약特效藥이 되기를… 저는 간절히 소망합니다.

114

"당신은 당신의 영감이 만들어 낸 산물이다."

— 로즈메리 코너 스타인바움 Rosemary Konner Steinbaum

하느님께서는 세상 만물을 창조하십니다. 그런데 세상 만물 가운데서 오직 인간만은 특별하게 당신을 닮은 '모상模像'으로 창조하십니다. 인간이 하느님의 모상으로 창조되었음은? 인간 역시도 하느님처럼 '창조적 능력'을 지니고서 창조되었음을 알려 줍니다. 이 창조적 능력을 교회의 전문적인 용어로 '영감靈感'이라고 합니다. 영감은 모든 인간에게 내재한 것으로, '창조적인 일을 할 때마다 발휘되는 기발한 착상이나 자극'을 뜻합니다. 세상 만물 가운데서 오직 인간만이, 하느님의 창조적 능력을 전수받은 이유는 무엇일까요? 하느님의 창조 사업이 천지창조 사화 때 이미 끝난 것이 아니라, 인류가 시대와 세대를 거쳐서 그 사업을 계속해서 이어 가도록 그분께서 계획하셨기 때문입니다.

〈우리는 어디로 가는가〉(아담 샤프Adam Schaff 著)라는 책을 보

면, 다음과 같은 내용이 나옵니다. "미래는, 기술 발달에 의해 결정되는 운명으로써가 아니라 '인간에 의해 창조되는 것으로써' 우리에게 열려 있다. 무대 위에서는, 전체 역사의 발전 과정 동안 현존하는 '자기 창조적 인간 즉 자신의 운명을 스스로 창조해 내는 인간이' 행동한다." '미래'는 앞으로 우리에게 주어질 '시간'이요, '무대'는 앞으로 우리가 살아갈 '공간'이라면… 인간의 창조적 능력이 그 시간과 공간을 좌지우지하게 된다는 의미입니다. 즉 인간의 창조적 능력이 시공간에 미치는 영향력은 실로 엄청나다는 뜻입니다.

그렇다면, 인간에게 있어서 이 창조적 능력이 발휘되는 때는 언제인가요? (자의적으로) 영감이 떠오르거나 (타의적으로) 영감을 받게 되는 바로 그 순간이라는 것입니다. 우리가 자의적으로든 타의적으로든 영감이라는 것을 느끼는 순간이 있다면, 이 순간만큼은 무심코 지나쳐서는 안 된다는 것입니다. 왜냐하면, 이 순간은 무에서 유를 창조하시는 하느님의 속성이 나를 통하여 발휘되는 위대한 순간이기 때문입니다. 여러분 모두, 하느님의 창조 사업을 이어 가야 할 장본인으로서, 영감을 느끼는 순간 무에서 유를 창조하는 이 능력을 멋지게 뽐내길 바랍니다. 저는 지금 이 순간 (글을 쓰면서) 그 능력을 여러분 앞에서 멋지게 뽐내고 있습니다.

—— 115

"변화와 성장은 위험을 마다하지 않고 대담하게 자신의 삶을 시험
대 위에 올려 놓을 때 생긴다."

— 허버트 오토 Herbert Otto

삶의 여정이 '시험대'라면, 우리가 이동하는 한 걸음 한 걸음이
'변화'일 것이요, 우리가 이동한 걸음으로 도달하게 될 행선지가 '성
장'일 것입니다. 그런데 변화를 두려워하는 사람은, 걷기는 하는데
자신이 머무는 그 자리를 벗어나려 하지 않습니다. 그저 '제자리걸
음'만을 끊임없이 반복하고 있습니다. 왜 그럴까요? 자신도 남들처
럼 똑같이 걷고 있다고 착각하기 때문에 그렇습니다. '이동하는 걸
음'과 '제자리걸음'은, 분명 다른 걸음인데 말입니다. 이처럼 변화를
두려워하는 사람에게 성장이란 결코 있을 수 없습니다. 내가 가고자
하는 행선지가 있어도 제자리걸음만을 하고 있으니, 어찌 행선지에
도달할 수가 있겠습니까….

자신이 살아오면서 익숙한 것들에 젖은 채로 안주하고 있다면,
이러한 사람에게는 당연히 변화가 두려울 것입니다. 심지어 변화의

필요성을 느끼지 못할지도 모릅니다. 익숙한 것들이 한 걸음도 나아갈 수 없도록 그 사람의 발목을 묶어 두고 있으니, 그렇게 계속 제자리걸음만을 하고 있을 뿐입니다.

신앙인은 '제자리걸음'을 하지 않습니다. 혹여나 자신의 발목을 묶어 두려는 익숙한 것들이 있다면, 이를 과감하게 떨쳐 버리는 용기와 결단이 있기 때문입니다. 신앙인은 언제나 '이동하는 걸음'을 추구합니다. 어떠한 역경과 시련이 있어도 좌절하지 않고, 이에 맞서서 힘차게 한 걸음 한 걸음 앞으로 나아갑니다. 그래서 신앙인은 변화할 수밖에 없고, 그래서 신앙인은 성장할 수밖에 없습니다. 우리가 각자의 발걸음을 잘 살펴보는 가운데, 변화를 담대하게 수용하며 훗날 거룩한 신앙인으로 성장할 수 있기를 소망합니다. "영리한 이는 제 발걸음을 살핀다." [잠언 14,15]

——— 116

"삶에는 긴장이 팽만해 있음을 인정할 때, 인간은 성숙한다."
— 조슈아 로스 리브먼 Joshua Loth Liebman

남아프리카 공화국의 어느 마을에, 백인 풍선 장수가 있었습니다. 그는 장사가 되지 않을 때마다, 풍선을 불어서 하나씩 하나씩 하늘로 띄워 보내곤 했습니다. 주변을 지나가던 사람들은, 하늘에 떠돌아다니는 풍선들을 바라보며 모여들었습니다. 그렇게 하니 장사가 잘되었습니다. 어느 날, 풍선 장수는 빨간색·주황색·노란색 등 색깔을 바꿔가며 풍선을 불어서 하늘로 띄워 보내고 있었습니다. 잠시 후에, 흑인 소년이 다가와 물었습니다. "검은색 풍선도 하늘로 올라갈 수 있나요?" 풍선 장수는 이렇게 대답했다고 합니다. "풍선이 하늘로 올라가는 건 색깔이 무엇인지가 중요한 게 아니란다. 풍선 안에 들어 있는 것이 무엇인지가 중요한 것이지…" 그 순간에, 소년은 생각했습니다. 자신의 피부색보다 내 안에 무엇을 채우느냐가 더욱 중요하다는 것을 말입니다.

풍선의 꿈이란, 하늘 높이 올라가는 것입니다. 이 꿈을 이루기 위해서는 어떤 과정이 필요할까요? 풍선 안에 공기를 불어 넣는 일이 우선되어야 합니다. 풍선 안에 다른 것을 넣는다면 그 풍선은 절대로 하늘로 올라갈 수 없습니다. 땅에만 머물게 될 것입니다. 오직 공기를 넣을 때만이 풍선은 비로소 꿈을 이루어, 하늘 높이 높이 올라갈 수 있는 것입니다.

풍선의 꿈이 하늘 높이 올라가는 것이듯, 인류의 꿈도 훗날 하늘 나라에 즉 천국에 올라가는 것입니다. 그렇다면, 천국에는 어떻게 올라갈 수 있을까요? 풍선 안에 공기를 불어 넣는 일이 필요하듯이, 내 안에도 무언가를 불어 넣는 일이 필요합니다. 그것은 바로 '긴장'입니다. (긴장은 마치 공기와도 같아서) 공기가 풍선을 팽창하게 만드는 것처럼, 긴장은 나를 결코 느슨하게 만들지 않습니다. 이처럼 인간은 스스로 긴장을 불어 넣고 긴장의 끈을 놓지 않을 때만이 성숙해지는 법입니다. 긴장하며 살아가는 인간의 모습은, 온갖 유혹에도 나태하지 않는 가운데 늘 깨어 있는 신앙인의 모습이기 때문입니다. **"내가 너희에게 하는 이 말은 모든 사람에게 하는 말이다. (긴장하는 가운데) 깨어 있어라."** [마르 13,37]

117

"우리 마음속에는 늘 무언가를 경계해 조심하고, 과격한 행동은 멀리하려는 본능이 자리 잡고 있다. 그 본능은 우리를 보호하며, 위험해 보이기만 해도 일일이 피하도록 한다. 그런데 그 본능은 틀린 적이 많다."

— 바버라 셔 Barbara Sher

　　여러분, 혹시 '번지 점프Bungee Jump'를 해 본 적이 있나요? 저는 번지 점프를 해 본 적이 아직은 없지만, 어떤 기분일지는 가늠이 됩니다. 때때로 고층 건물에 올라가서 아래를 내려다보면 온몸에 소름이 끼치고 오싹한 기분이 드는데, 번지 점프대 위에 올라서면 이처럼 고소공포증高所恐怖症을 느끼게 될 거라고 예상하기 때문입니다. 고소공포증과 같은 두려움을 느끼는 건, 인간의 본능일까요? 번지 점프는 도전하는 사람들 가운데 성공하는 사람이 많지 않다는 걸 여러분도 잘 아실 겁니다. 이유가 무엇일까요? 시도하더라도 두려움을 이겨내지 못할 때 반드시 실패하게 되어 있기 때문입니다. 또한 이 경험으로 실패를 확신한다면, 다시는 시도조차 하지 않게 될 것이 뻔합니다.

그런데, 레저Leisure 스포츠Sports 관계자들의 증언이 있습니다. 번지 점프를 처음에 시도했을 때 실패한 사람들이 다시 시도할 경우 시도하는 횟수가 많을수록 성공할 확률은 점점 더 높아진다는 점입니다. 그렇다면, 번지 점프에 성공할 수 있는 여부는 명확해집니다. 계속해서 시도해 보는 결단과 용기입니다. 다시 말하면, 계속되는 시도가 나를 두려움에 점점 더 익숙해지게 만든다는 것입니다. 어쩌면 우리가 두려움에 익숙하지 않기 때문에, 시도하다가 이내 포기하거나 시도조차 하지 않는 건 아닐까요?

신앙생활 안에서도 여러 상황에서 고난을 마주할 때가 있는데, 그에 따르는 두려움에 우리가 익숙해질 필요가 있습니다. 두려움에 맞서려고 시도해 보는 결단과 용기는 그래서 중요합니다. 두려움에 점점 더 익숙해질수록 그 상황을 극복할 가능성은 분명 높아질 것이기 때문입니다. 이 세상이라는 번지 점프대 위에 올라서서 고난에 따르는 온갖 두려움을 떨쳐 버리고, 자유를 향하여 과감하게 자신을 내던지는 참신앙인이 되기를 두 손 모아 기도합니다. 요한 묵시록을 보면, 예수님께서는 천사를 보내시어 인류에게 다음과 같은 당부를 전하십니다. "네가 앞으로 겪을 고난을 두려워하지 마라." [묵시 2,10]

118

"우리는 오늘의 경제 사정으로 인해 내일의 추억거리를 잃는 경우가 많다."

— 존 메이슨 브라운 John Mason Brown

　　주위를 잘 둘러보면, 돈을 쓰는 것을 아깝게 여기는 사람들이 종종 있습니다. 이 사람들은 오로지 돈을 모으는 데에만 혈안이 되어 있는 모습입니다. 그런데 돈을 가지고 있는 목적이 무엇인가를 신중하게 생각해 보면, 돈은 쓰라고 있는 것임을 깨닫게 됩니다. 다시 말하면, 내 삶에 추억거리를 하나하나 만들기 위해서, 돈은 그렇게 쓰이는 것입니다. 추억거리보다 돈이 결코 중요할 수 없다는 뜻입니다. 문득 그러한 생각이 듭니다. 돈을 모으기만 하고 쓰지 않는다면, 과연 어떠한 결과가 빚어질까요? 아끼느라 열심히 모아 놓은 돈은, 결국 노후에 병원비로 다 쓰일지도 모릅니다. 병원비로도 쓰이지 못한다면, 돈을 모은 수고에 대한 보상이 내게는 없는 것입니다. 돈을 어떻게 써야 할지도 잘 모를 테니 말입니다.

　　인생의 시발점으로 돌아가 보면, 우리는 아무것도 지니지 않은

벌거숭이의 몸으로 세상에 태어났음을 알게 됩니다. 인생의 종착점은 어떨까요? 세상을 떠날 때는 심지어 벌거숭이였던 몸마저도 썩어 없어져 버릴 것입니다. 시발점이든 종착점이든 돈의 존재와 쓰임은 없는 것입니다. 이는 무엇을 의미하는 것일까요? 우리가 인생을 살아가면서, 돈을 가지게 되었다면 이 돈을 어떻게 쓸 것인가에 대한 계획이 매우 중요하다는 점입니다. 우리가 지금은 돈이 필요한 시간 안에 머물고 있지만, 돈이 필요 없는 그 시간을 향하여 서서히 다가가고 있는 것입니다.

여러분, 오늘부터라도 지금 내가 가지고 있는 돈에 관하여 점검해 보길 바랍니다. 그 돈이 나를 위해 그리고 나의 추억거리를 위해 제대로 쓰이고 있는지를 말입니다. 제대로 쓰이지 않고 있다면, 제대로 쓰기를 간곡히 부탁합니다. 여러분은 이 세상에서 누구보다도 소중한 사람이고, 살아 있는 동안 이 세상을 마음껏 누릴 자격이 있는 사람이기 때문입니다. 이제는 돈을 무작정 모으는 일보다 돈을 어떻게 쓸 것인가에 더욱 집중해야 하겠습니다.

——— 119

"수확으로 그날을 판단하지 말고 뿌린 씨앗으로 그날 하루를 판단
하라."

— 화자 미상

씨앗을 뿌리면 자라서 수확물이 생깁니다. 당장에 보이는 것은
수확물이지 씨앗은 아닙니다. 수확물을 보고서야 이렇다 저렇다 판
단할 수밖에 없는 상황인 것입니다. 씨앗은 더 이상 없는 것이기 때
문입니다. 그런데 잘 생각해 보면, 수확물은 원래 씨앗이었음을 깨닫
게 됩니다. 처음에 씨앗이 있었기에 지금의 수확물이 있는 것입니다.
다음과 같은 화자 미상의 명언을 생각해 봅니다. "수확으로 그날을
판단하지 말고 뿌린 씨앗으로 그날 하루를 판단하라." 이는, 수확물
을 보고 있어도 씨앗을 떠올릴 줄 아는 안목이 올바른 판단을 하는
데에 도움이 된다는 뜻입니다.

우리는 인생이라는 밭에서 살아가고 있습니다. 하루하루 마음
먹은 것들이 씨앗이 되어 그 밭에 뿌려집니다. 그런데 씨앗이 하루
만에 자라서 수확물이 되는 경우도 있고, 씨앗이 며칠 동안 자라서

수확물이 되는 경우도 있습니다. 여기서 중요한 사항이 있습니다. 수확물을 보고 있어도 씨앗을 떠올릴 줄 아는 안목이 필요하다는 점입니다. 왜냐하면, 씨앗이란 처음에 마음먹은 것이기 때문입니다. 다시 말하면, 씨앗은 '초심初心'이기 때문입니다. 초심이 얼마큼 지켜져서 수확물이 된 것인지를 자세히 점검해 본다면, 이렇다 저렇다 올바르게 판단할 수 있다는 이치입니다.

예수님께서는 분명하게 지적하신 적이 있습니다. "겉모습을 보고 판단하지 말고 올바로 판단하여라." [요한 7,24] 이 지적을 다음과 같이 해석할 수 있습니다. "겉모습(=수확물)을 보고 판단하지 말고 (초심을 생각하여) 올바로 판단하여라." 우리가 계획하는 일들에는 처음에 마음먹은 초심이란 것이 담겨 있습니다. 그런데 계획한 일들을 추진하다 보면 초심을 쉽게 잊어버리곤 합니다. 그러니 훗날 이루게 될 수확물은 초심과는 다른 것이 되어 버리기도 합니다. 수확물을 바라볼 때, 내가 마음먹었던 초심을 떠올릴 줄 아는 안목을 가져 보고 그 안목으로 성과를 판단해 보길 바랍니다. 신앙인으로서 계획한 일들에 담긴 초심이란? 언제나 하느님의 영광을 위한 그 마음이어야 한다는 것을 꼭 명심해야 하겠습니다.

——— 120

> "새를 닮아라. 새는 날아가다가 잠시 앉은 나뭇가지가 연약해 부서져 내리는 것 같아도 자신에게 날개가 있음을 알고 노래 부른다."
> ― 빅토르 위고 Victor Hugo

저는 청각이 상당히 민감한 편이어서, 평소 주변의 소리에 적지 않은 영향을 받곤 합니다. 그 소리가 때로는 소음이 되니, 정말 견디기 힘든 시간을 보내기도 합니다. 어느 날 문득, '나는 왜 이렇게 청각이 민감한 걸까?'를 깊이 성찰해 본 적이 있습니다. 그런데, 하느님께서 저의 청각을 민감하게 창조하신 이유가 있었습니다. '주변에서 들려오는 목소리에 귀를 기울이고 잘 들어라.' 하는 그분의 깊은 뜻이 담겨 있었던 것입니다. 저의 경우, 가장 듣기 좋아하는 소리가 있으니 그것은 바로 새소리입니다. 주변에서 지저귀고 있는 새의 소리는, 마치 노래처럼 아름다운 선율이 되어 사방팔방四方八方에 그리고 제 귓가에 울려 퍼집니다.

그런데, 새에게도 사연이 있음을 빅토르 위고는 우리에게 알려줍니다. 새가 자신의 목소리를 지저귀기까지의 그 과정을 우리가 살

퍼볼 필요가 있다는 것입니다. "새를 닮아라. 새는 날아가다가 잠시 앉은 나뭇가지가 연약해 부서져 내리는 것 같아도 자신에게 날개가 있음을 알고 노래 부른다." 새는 한가로이 나뭇가지에 앉아서 노래를 부르는 것처럼 보입니다. 자신이 앉아 있는 나뭇가지가 아무리 연약해도, 그저 노래를 부르는 일에 집중하는 모습입니다. 어떻게 이러한 일이 가능할까요? 바로, 새에게는 날개가 있기 때문입니다. 마음만 먹으면 언제든 비상할 수 있다는 자신감 때문에 그렇습니다. 반대로 생각해 봅시다. 만일 새에게 날개가 없다면 어떨까요? 언제든 부서져 내릴지 모르는 연약한 나뭇가지에 앉아서, 노래는커녕 입이나 뻥긋할 수 있겠습니까?

　　빅토르 위고의 명언을 정리하자면… '새'는 우리 자신의 모습을, '나뭇가지'는 우리가 마주하게 되는 상황을, '노래'는 우리가 해야 할 일을, '날개'는 우리가 가져야 하는 자신감을 반영하고 있습니다. 우리에게 있어 신앙이란? 새에게 있어 날개와 같은 것이 아니겠습니까…. 튼튼한 나뭇가지든 연약한 나뭇가지든 상관하지 않고 앉아서 그저 아름답게 노래를 부르는 새처럼, 우리가 처한 상황이 좋든 그렇지 않든 상관하지 않고 그저 묵묵히 우리가 해야 할 일을 진취적으로 이루어 나가야 하지 않겠습니까? 신앙의 힘이란, 그렇게 언제든! 비상할 수 있다는 자신감을 뜻하는 것입니다. 시편에서는 다음과 같은

274

묵상거리를 우리에게 제시하고 있습니다. "제가 생각합니다. '아, 내가 (⋯) 날개를 지녔다면⋯'" [시편 55,7]

121

"결심은 마음의 한구석에서 나도 모르게 이루어져, 내가 하고자 하는 일이 갑자기 분명해지게 한다."

— 아서 크리스토퍼 벤슨 Arthur Christopher Benson

인간이 '결심決心'하는 바로 그 자리에는, 두 가지의 갈림길이 놓여 있습니다. 하나는, 결심하고 나서 그 결심대로 이행하는 길이요. 다른 하나는, 결심만 할 뿐 아무것도 이행하지 않는 길입니다. (A) 결심에는 반드시 실천이 뒤따라야 합니다. 한 번 결심했다면 두 가지의 갈림길에서, 그 결심대로 이행하는 길을 주저 없이 선택해야 한다는 뜻입니다. 하지만, (B) 결심에 실천이 따르지 않는다면 어떨까요? 결심하기 전과 후가 다른 것이 도대체 무엇입니까? 결심이 결국에 아무런 변화도 가져오지 못하는 수고로운 시간에만 머물러 있다면, 차라리 결심을 안 하는 편이 더 나을 것입니다.

신앙인에게 요구되는 높은 수준의 결심이 있습니다. 그것은 바로, '결사決死'입니다. 신앙인이 결사하는 바로 그 자리에는, 오직 한 가지 길만이 놓여 있습니다. 그 길이란, 결사하고 나서 그 결사대로

이행하는 길입니다. 일단 결사하고 나면 반드시 실천이 뒤따를 수밖에 없습니다. 왜냐하면 '결사'란, '결심'이라는 것에 '죽을 각오'가 더해지는 것이기 때문입니다. 신앙의 역사는 우리에게 말해 주고 있습니다. (예수님과 제자들의 결사가) 그리스도교 공동체의 씨앗을 심는 과업을 이루게 했고, (한국 순교자들의 결사가) 우리나라에 그리스도교 공동체 즉 천주교를 꽃 피우는 과업을 이루게 했다는 사실을 말입니다.

신앙생활이란? 나 스스로가 두 가지의 갈림길에 서 있는 여지를 아예 두지 않는 것입니다. 내가 오로지 하나의 길만을 걸어가는 생활인 것입니다. 신앙인인 우리가 매사에 결심決心보다는 결사決死하는 그 마음으로 과업을 이루는 가운데, 오로지 이 하나의 길만을 힘차게 그리고 당당히 걸어갔으면 좋겠습니다.

122

"풋볼 경기를 더 잘하는 방법은 풋볼 경기를 하는 것이다."

— 진 브로디 Gene Brodie

운동선수라면 모두가 경기를 잘하고 싶은 마음이 있을 겁니다. 그래서 선수는 경기를 앞두고서 끊임없는 훈련과 연습으로 만반의 준비를 합니다. 사실 그보다 중대한 사항이 있습니다. 선수가 경기를 더 잘하는 방법은? 바로, 경기에 직접 출전해야 한다는 것입니다. 출전 기회는 그래서 대단히 중요합니다. 그 기회가 경험이 되고 그 경험을 토대로 선수는 어떻게 훈련하고 연습해야 할지를 비로소 알게 되기 때문입니다.

평신도 사도직에 있어서 핵심이란? 공동체 안에서의 '봉사'입니다. 저는 성직자로서 때로는 교우들을 지명하여 봉사를 권유하곤 합니다. (봉사가 가능한 상황에서) 권유를 받은 교우들의 반응은 두 가지의 부류로 나눠집니다. (A) 한 부류는 "신부神父님, 제가 경험이 없고 또 시간이 없어서 못하겠습니다. 다른 분으로 알아봐 주세요."라

는 반응이고, (B) 또 다른 부류는 "신부님, 제가 경험이 없지만 그리고 부족한 사람이지만 한번 열심히 해 보겠습니다. 많이 도와주십시오."라는 반응입니다.

우리가 성당에서 세례를 받은 것은 영적인 선수로 뽑혀서 공동체라는 팀에 임명되었다는 뜻입니다. 그리고 영적인 선수가 출전하는 경기란, 내가 속해 있는 공동체 안에서 '봉사'하는 바로 그 현장인 것입니다. 선수는 경기에 출전할 때만이, 비로소 자신의 기량을 발휘할 수 있습니다. 그러니 당연히 경기에 출전하고 싶어 해야 하는 것이 선수의 정체성이자 그 자체가 의무이거늘, 출전 기회가 와도 거부하는 선수의 모습은 무언가 이상해 보입니다. 영적인 선수인 나는, 현재 경기에 출전하고 있는 '주전 선수'입니까? 벤치Bench에만 앉아 있는 '후보 선수'입니까? 우리는 각자가 선수로서의 몸값을 얼마큼 올리려고 노력하고 있는지 자세히 점검해 보아야 하겠습니다. 경기에 출전하지는 않으면서 훈련과 연습만 반복하고 있는 우리 공동체의 모든 후보 선수들을 위하여, 성령께서 통달과 용기의 은혜를 내려주시기를 청합니다.

123

"나의 선택이 잘못되었다고 판명이 날 경우 그 경험에서 배울 수 있음을 깨달을 때, 비로소 그 결정이 크든 사소하든 결정에 따른 두려움에서 벗어날 수 있다."

— 화자 미상

'시행착오試行錯誤 학습'이라는 말이 있습니다. 이는, 시행과 착오를 되풀이하다가 우연히 필요한 방식을 습득함으로써 목표를 성취하는 행위를 말합니다. 운 좋게도 목표를 쉽게 성취한다면 시행과 착오를 겪지 않아도 되겠지만, 높은 목표를 설정하여서 이를 성취하기가 어렵다면 반드시 시행과 착오를 겪게 되어 있고 이는 필요한 방식을 찾아가는 일련의 과정이 됩니다.

(A) 시행과 착오가 필요한 것이라고 여기는 사람은? 시행과 착오를 겪은 것처럼 그 방식대로 해서는 안 된다는 걸 배우게 됩니다. 이 배움이 경험으로 쌓인다는 뜻입니다. 그러니 시행과 착오를 얼마든지 겪어도 두려워하지 않는 것입니다. 계속되는 시행과 착오로 인하여 실패를 맛보겠지만, 그만큼 성공의 가능성은 점점 커지는 것이기 때문입니다. 하지만 반대로, (B) 시행과 착오가 불필요한 것이라

고 여기는 사람은? 시행과 착오를 겪게 되면 그 방식을 벗어나지 못하고 안주하게 됩니다. 그러한 시간이 경험과는 무관하다고 생각하니, 경험이 쌓이는 것이 아니라 스트레스Stress가 쌓입니다. 그러니 시행과 착오를 다시 겪을까 봐 두려워하는 것입니다. 계속되는 시행과 착오는 그저 피하고 싶은 것이 되어 버립니다.

　모든 신앙인에게 있어서 구원은 높은 목표입니다. 그만큼 목표를 성취하기가 어려우니, 시행과 착오가 따를 수밖에 없다는 뜻입니다. 히브리서에서는 이것이 바로 '하느님의 훈육'이라는 점을 명시하고 있습니다. "하느님께서는 사랑하시는 이를 훈육하시고 자녀로 인정하시는 모든 이를 채찍질하신다. 여러분의 (시행과 착오를) 훈육으로 여겨 견디어 내십시오. 하느님께서는 여러분을 자녀로 대하십니다. 아버지에게서 훈육을 받지 않는 자녀가 어디 있습니까?" [히브 12,6] 우리는 모두 하느님의 자녀입니다. 신앙생활에 있어서 시행과 착오는 우리의 믿음을 더욱 굳건하게 만드는 힘이 될 것입니다. 이는 구원이라는 목표를 성취하도록 자녀를 훈육하시는 아버지 하느님만의 방식이기 때문입니다.

124

"무엇인가에 정신이 팔려 있다 보면 겁내는 것도 잊어버린다."

— 버드 존슨 Bird Johnson

　　옛적에는 '발치拔齒'에 관한 민간요법이 있었습니다. 치아를 뽑아야 하는 상황에서, 치과에 가지 않고도 가정에서 이를 해결했었던 추억이 떠오릅니다. 부모는 자식을 두고서 뽑아야 할 치아에 실을 걸어 단단히 묶고서 그 실을 길게 늘어뜨려 한 손에 잡고만 있습니다. 자식은 두려운 나머지 울음을 터뜨리기도 합니다. 부모는 자식을 달래며 평소 자식이 관심을 두었던 무언가로 유혹하여 그것에 집중하게 만듭니다. 자식이 이를 즐기며 정신이 팔린 사이에, 부모는 불시에 치아를 묶고 있던 실을 있는 힘껏 잡아당깁니다. 순간의 고통이 있을지언정, 자식은 두려움 없이 자신에게서 뽑힌 치아를 확인하게 됩니다.

　　내가 중대한 일을 마주했을 때, 두려움이 느껴져서 부담이 된다면… 때로는 이 두려움이 일을 수행하는 데에 방해가 될 수도 있습

니다. 그렇다면, 두려움을 떨쳐 버릴 방법은 과연 무엇일까요? 평소 내가 관심을 두었던 무언가에 집중하고 또 이를 즐기는 모습입니다. 그래서 기분이 좋아지고 생기가 돈다면 자연스럽게 두려움은 사라지게 될 것이니, 이는 내가 중대한 일을 수행하는 데에 박차를 가하는 원동력이 될 수 있습니다.

우리는 신앙인입니다. 다음과 같은 질문을 자신에게 던져 봅니다. "평소 내가 '관심을 두는 것'은 무엇인가?" 결국 이 질문은 이렇게 바꾸어야 합니다. "평소 내가 '관심을 두어야 하는 것'은 무엇인가?" 우리가 신앙인이라면, 매사에 주님께 관심을 두어야 하지 않겠습니까? 매사에 주님께 집중해야 하지 않겠습니까? 우리가 주님께 관심을 두고 집중할 수 있을 때, 그분에게서 오는 진리와 참평화를 누리게 될 것입니다. 아무런 걱정도 근심도 없는 아무런 두려움도 없는…. 시편은 모든 신앙인에게 놀라운 가르침을 전해 줍니다. "**주님을 찾았더니 내게 응답하시고 온갖 두려움에서 나를 구하셨네.**" [시편 34,5]

――― *125*

"인생의 진짜 목적은 노는 것이다."

― G. K. 체스터턴 G. K. Chesterton

예수님께서는 어린이 하나를 부르시고는 제자들 앞에 세우시며 중요한 가르침을 주십니다. "너희가 (…) 어린이처럼 되지 않으면, 결코 하늘 나라에 들어가지 못한다." [마태 18,3] 신앙인으로서 지향하는 목표가 하늘 나라 즉 천국에 입성하는 일임을 감안할 때, 우리에게 요구되는 것은 어린이의 성향을 반드시 파악하고 있어야 한다는 점입니다.

한국의 애니메이션Animation 산업에 한 획을 그은 만화가 있으니, 소위 '어린이 대통령'이라고 불리는 '뽀로로Pororo'입니다. 어린이들의 관심과 사랑을 독차지했던 이 만화 주제가의 시작을 보면, 다음과 같은 가사가 나옵니다. "노는 게 제일 좋아~" 이는 어린이의 성향이 반영된 가사임이 분명합니다. 우리 역시도 어린 시절에 놀이를 즐겼던 추억이 있고, 어른이 된 지금도 여전히 놀이를 즐기고 있습니

284

다. 그때와 지금을 비교했을 때, 놀이의 종류는 달라졌을지 몰라도 놀이를 즐기는 행태는 같다는 걸 알게 됩니다.

네덜란드의 역사가인 요한 하위징아Johan Huizinga는, 어린이를 포함한 모든 인간을 두고서 'Homo Ludens' 즉 '놀이하는 인간'으로 정의했습니다. 그는, 고대 그리스의 철학자인 플라톤Platōn의 다음과 같은 말을 언급합니다. "인간은 하느님의 놀이를 놀아 주는 자이고 그것이 그의 가장 좋은 역할이다. 따라서 모든 남녀는 이에 따라 생활하면서 가장 고상한 게임을 놀이해야 하고 지금과는 다른 마음을 가져야 한다." 하느님께서는 언제나 우리와 함께 놀이를 즐기고자 하십니다. 세상에서 가장 고상한 이 게임Game이, 바로 '신앙생활'인 것입니다. 평소 우리가 놀이를 즐기듯이 신앙생활을 즐기는 모습이란, 어린이처럼 되는 모습이고 이는 곧 하늘 나라에 들어가는 자격이 될 것입니다.

126

"두려움은 우리를 가두고, 신념은 우리를 석방한다. 두려움은 마비시키고, 신념은 힘을 준다. 두려움은 용기를 빼앗고, 신념은 용기를 준다. 두려움은 병을 주고, 신념은 약을 준다. 두려움은 무용지물로 만들고 신념은 쓸모 있는 것으로 만든다."
— 해리 에머슨 포스딕 Harry Emerson Fosdick

이 명언을 쉽게 이해할 수 있는 책을 소개하자면, 책의 제목은 〈신념의 마력〉(클라우드 M. 브리스톨Claude M. Bristol 著)입니다. 이 책에 따르면, 인간은 두 가지의 의식을 지니고 있다고 합니다. 하나는 내가 어떠한 생각을 가지고 마음을 먹는 '일반적인 의식'이며, 다른 하나는 (마치 심장처럼) 내 안에서 쉬지 않고 활동하고 있는 '잠재의식'입니다. 그런데 심장의 박동은 내가 어떻게 의식하느냐에 따라서 천천히 혹은 빠르게 뛰곤 합니다. 이렇듯 나의 의식은 잠재의식의 활동을 좌우左右할 수 있다는 뜻입니다. 여기서 의식이란 곧 '신념'이며, 잠재의식이란 곧 '신앙'임을 유추해 볼 수 있습니다.

우리는 신앙(=잠재의식)을 지니고 있습니다. 그리고 이 신앙으로 생활을, 즉 신앙생활을 하고 있습니다. 만일 신앙생활에 신념(=의식)이 없다면 어떻게 될까요? 신앙생활을 하는 나 자신은 아무런 생

동감이 없는 그저 무미건조한 태도로 살아가게 될 것입니다. 신앙인으로서 '과연 나 자신은 어떠한 각오를 다질 것인지 나아가 그 각오를 어떠한 태도로 이행할 것인지'를 늘 의식하며 살아가야 합니다. 여기서 의식은 신념을 가리킵니다.

지금도 여전히 내 안에서 신앙의 박동은 뛰고 있습니다. 신념(=의식)이란, 신앙(=잠재의식)의 박동을 힘차게 뛰게 하여 그 효력을 발산하는 도구임을 명심하길 바랍니다. 매사에 우리의 확고한 신념을 드러내면서, 생동감이 있고 활기찬 신앙생활에 박차를 가해야 하겠습니다. **"그대가 자기의 것으로 지니고 있는 신념을 하느님 앞에서도 그대로 지니십시오."** [로마 14,22]

127

"무엇이든 때와 장소를 가리고 그에 맞추면 더 많은 것을 성취할 뿐만 아니라 분주한 사람보다 더 많은 여유를 누릴 수 있다."

— 타이런 에드워즈 Tyron Edwards

"애야, 넌 왜 이렇게 말귀를 못 알아듣니?" 부모가 자식에게 훈계할 때, 이와 같은 일침을 날리는 이유는 무엇일까요? 부모가 한 말의 뜻을 자식이 마음대로 해석하기 때문입니다. 부모는 자식이 잘못된 방향으로 나아갈까 봐, 늘 노심초사勞心焦思합니다.

신앙인에게 있어서 성경 말씀이란, 부모의 훈계와도 같습니다. 그런데 신앙인이 일단 성경 말씀을 접하게 되면, '말귀'를 즉 '말씀에 담긴 뜻'을 제대로 알아들어야 합니다. 이는 성경 말씀에 대한 해석을 가리킵니다. '권의지계權宜之計'라는 사자성어가 있는데, 이는 때와 장소에 맞는 대처 방법이라는 의미입니다. 마찬가지로 성경 말씀을 임의任意로 해석할 것이 아니라, 때와 장소에 맞게 해석해 볼 필요가 있는 것입니다. 이는 곧 성경 말씀에 담긴 뜻을 제대로 알아듣는 방법이기 때문입니다. 베드로 사도는 베드로 전서에서 바로 이 점을 지적

하고 있습니다. "무엇보다 먼저 이것을 알아야 합니다. 성경의 어떠한 예언도 임의로 해석해서는 안 됩니다." [2베드 1,20]

평소 우리는 성경 말씀을 두고서, 임의로 즉 내가 편한 방식대로 해석하려는 경향이 있습니다. 때와 장소를 가리지 않으면 즉 때와 장소에 맞게 해석하지 않으면, 성경 말씀은 주님의 뜻이 아닌 곧 내 뜻이 되는 것입니다. 우리가 생활하고 있는 모든 시간(=때)에 모든 공간(=장소)에 현존하시는 주님의 뜻을 온전하게 헤아릴 수 있는 신앙인이 되도록 함께 노력합시다.

128

"장래 목표만을 따르는 삶은 유치한 삶이다. 그것은 생명을 지탱하고 있는 산기슭이지 산의 정상이 아니다."

— 로버트 M. 피어식 Robert M. Pirsig

누군가에게 목표가 있다면, 목표를 성취하기 위하여 필수적인 비밀 무기가 있습니다. 비밀 무기란? 바로, '시각화 보드'입니다. 시각화 보드는 말 그대로 목표를 눈으로 확인할 수 있도록 꾸며진 판자를 가리킵니다. 사진이나 그림, 관용구 혹은 명언이나 격언, 심지어 간단한 단어라 할지라도 그 재료가 되어 이 판자를 꾸밀 수 있습니다.

시각화 보드를 통하여, (1) 목표를 이미 성취했다고 가정하고 (2) 목표를 성취했을 때 어떠한 일들이 생길지를 상상하며 (3) 상상하는 도중에 내가 무엇을 생각하고 느끼는지에 집중합니다. 이와 같은 과정은 실제로 나 자신이 목표를 이루어 가는 데에 큰 도움이 된다고 합니다. 왜냐하면, 가정과 상상 속에서 그것은 현실이기 때문입니다.

　　사제들은 서품을 받기 전에 '서품 성구聖句'를 각자가 스스로 정하게 됩니다. 그런데 저는 운이 좋게도 신학교에서 훌륭한 은사恩師 신부님을 만났고, 나무판자에 서품 성구가 새겨진 시각화 보드를 선물로 받았습니다. 저에게 이 시각화 보드는, 분주한 일상에서도 흐트러진 나를 바로 잡아 주고 정신을 바짝 차리게 하며 목표를 서서히 이루어 가게 하는 유일한 비밀 무기였던 것입니다. 만일 여러분에게 아직 시각화 보드가 없다면, 이 비밀 무기를 만드는 작업을 서둘러서 진행해 보길 바랍니다. **"하느님께서 (…) 우리를 하늘로 부르시어 주시는 상을 얻으려고, 그 목표를 향하여 달려가고 있는 것입니다."** [필리 3,14]

129

"사람들을 이끌려면 사람들 뒤에서 걸어라."

— 노자 老子

우리는 신앙인으로서, 스승이신 예수님을 모시고 있는 그분의 제자들입니다. 스승을 모시고 있는 제자들의 정체성이란? 스승이 보여 주신 모범을 따라서 스승의 모습처럼 닮아가는 것이라고 볼 수 있습니다. 예수님은 공생활 시절에 사람들을 구원의 길로 이끄시는 모습을 보여 주십니다.

내가 사람들을 이끌려면 어떻게 해야 할까요? 방법은 두 가지입니다. 하나는 (A) 내가 사람들의 '선두'에 서서 이끄는 모습이요. 다른 하나는 (B) 내가 사람들의 '후미'에 서서 이끄는 모습입니다. 선두라는 자리와 후미라는 자리는 그 역할에 있어서 뚜렷한 차이가 있습니다. (A) 선두에 서게 되면 내가 길을 알아서 헤쳐 나가고 사람들이 뒤따라오는 형태이지만, (B) 후미에 서게 되면 사람들이 길을 헤쳐 나갈 수 있도록 내가 가르쳐 주면서 뒤따라가는 형태라는 점입니다.

예수님의 행보는, 사람들의 선두가 아닌 후미에 서서 이끄시는 모습에 가깝습니다. 예수님의 복음 선포란? 사람들이 구원으로 향하는 길을 헤쳐 나갈 수 있도록 당신께서 친히 가르쳐 주고 계시는 형태이기 때문입니다. "스승님, 저희는 스승님께서 올바르게 말씀하시고 (…) 길을 참되게 가르치신다는 것을 압니다." [루카 20,21] 스승이신 예수님의 사명을 이어 가야 하는 그분의 제자들인 여러분, 많은 사람을 구원의 길로 이끌려면 반드시 그들의 뒤에서 걸어가길 바랍니다.

🔍 영성

130

"기회는 모든 사람의 문을 한 번쯤 노크한다. 어떤 사람에게는 망치로 두들기듯 문을 부숴서라도 그의 집에 들어간 뒤, 그가 자고 있으면 깨우고, 그를 위해 야간 경비원이 된다."

— 핀리 피터 던 Finley Peter Dunne

해마다 우리는 가톨릭 교회 전례력의 핵심이라고 볼 수 있는 '성주간聖週間'을 보냅니다. 예수님께서는 '인류 구원'이라는 이 중대한 사명을 수행하시기 위해 단 한 번의 기회를 두고서, 그 기회를 놓치지 않으려 하십니다. 그 기회는 지극히 역설적입니다. 예수님 역시도 우리와 똑같은 인간이셨기에, 그분에게 있어 생명은 가장 소중했습니다. 그러나 당신의 생명을 포기하시면서까지, 인류를 살리려 하십니다. 그 기회를 놓치지 않으려 하십니다.

성주간을 맞이하기 전, 우리는 '사순 시기'를 보냅니다. 교회는 사순 시기를 두고서, '은혜로운 회개의 때'라고 부릅니다. 회개는 인류 구원이라는 역사가 이루어지는 시작이 됩니다. 다시 말하면… 내가 스스로 회개했을 때, 인류 구원이라는 역사가 바로 자신의 역사가 된다는 뜻입니다. 잘 생각해 보면, 사순 시기를 보내는 동안 우리가

회개할 수 있었던 기회는 무려 사순四旬 즉 40일이 주어졌던 것입니다. 교회가 이렇듯 오랜 시간에 걸쳐서 신앙인들에게 기회를 부여하는 이유는, 그만큼 회개란 구원을 실현시키기 위한 필수적인 조건이기 때문에 그렇습니다.

또한, 신앙인들에게는 비단 사순 시기에만 회개할 기회가 주어진 것은 아닐 것입니다. 신앙의 여정을 걸어가는 그 모든 순간순간이 기회인 것입니다. 심지어 예수님과 함께 십자가에 매달렸던 죄수 한 사람은, 죽기 직전에 회개하여 구원의 영광을 얻게 됩니다. "예수님, 선생님의 나라에 들어가실 때 저를 기억해 주십시오." "너는 오늘 나와 함께 낙원에 있을 것이다." [루카 23,42-43 참조] 성주간은 예수님의 수난受難과 죽음과 부활을 묵상하는 시간이기도 하지만, 나 자신에게 주어져 있는 수많은 기회들을 묵상하는 시간이기도 합니다. 내가 진정으로 회개하기를 바라며 기회는 오늘도 그렇게 나의 문을 두드립니다.

131

"연결된 삶의 중심에는 신앙이 장식하고 있다. 신앙은 우리를 보이지 않는 끈의 은총으로 살게 해 준다. 신앙은 우리의 지혜보다 더 위대한 지혜를 믿는 것이다. 사실이 비어 있을 때 신앙은 우리의 스승이 된다."

— 테리 템페스트 윌리엄스 Terry Tempest Williams

여러분, '신앙'은 선택입니까? 선택이 아닙니까? 이 세상에는 신앙을 가지고 있는 사람이 존재하는 반면에, 신앙을 가지고 있지 않은 사람 또한 존재합니다. 그러한 의미에서 신앙은 선택에 따른 결과임을 확신할 수 있습니다.

'신앙'이라는 보이지 않는 힘에 관하여 묵상해 봅니다. 저는 사실 부모님으로부터 이 유산을 자연스럽게 이어받았습니다. 출생 후 얼마 지나지 않아 유아 세례를 받았기 때문입니다. (외면적으로는) 저에게 신앙에 대한 선택권이 없었던 것처럼 보이지만, (내면적으로는) 저는 태어날 때부터 선택받은 사람이었던 것입니다. 천주교 집안에서 태어난 선택받은 사람이라는 이 신념 하나로, 저는 지금껏 살아왔습니다. 그래서 결국 사제의 길을 걷게 되었고, 사제의 길 역시도 저

의 선택이라기보다는 하느님께서 저를 선택하신 즉 뽑아 세우셨음을 되새겨 봅니다.

　선택의 기로에서 신앙인과 비신앙인 이렇게 두 부류를 생각해 보았을 때, 신앙인은 하느님의 선택을 받은 사람임이 분명합니다. 아울러 비신앙인 역시도 세례를 받을 수 있다는 가능성 여부를 감안할 때, 그들에 대한 하느님의 선택은 아직 진행 중이라고 볼 수 있습니다. 다만 그들이 하느님의 현존을 받아들일 준비가 되어 있다면, 하느님의 선택은 하루빨리 성사될 것입니다. 삶의 중심에 신앙이 있고, 신앙으로 인하여 얻을 수 있는 은총이 얼마나 위대하고 유익한 것인지를 체험하며 살아가는 우리들입니다. 오늘 하루를 보내면서, 신앙이 없이 살아가고 있는 모든 사람을 기억하며 함께 기도했으면 좋겠습니다. 우리처럼 비신앙인들도, 신앙의 기쁨을 누릴 자격이 있는 하느님의 소중한 자녀이기 때문입니다.

132

"남을 믿지 못하면 남도 나를 믿지 못한다."

— 노자 老子

제가 사제 생활을 하면서, 아직도 풀지 못한 숙제가 있습니다. 그 숙제를 여러분에게 솔직하게 고백하자면, 바로 이러한 물음입니다. '과연 누구를 믿어야 하는가?' 여러분이 이와 같은 물음을 마주한다면, 어떠한 정답을 내어놓을 수 있을까요? 저는 인생의 선배들로부터 귀가 아프게 들은 말이 있습니다. "(상처받기 싫으면) 아무도 믿지 마라." 참으로 아이러니Irony합니다. 아무도 믿지 말라는 것은, 심지어 그 조언을 해 주는 사람 또한 믿지 말라는 뜻인데…. 마치 미궁 속으로 빠져드는 것 같은 느낌입니다. 도대체 누구를 믿어야 하는 것일까요?

도가의 시조인 중국의 사상가 노자는 다음과 같은 가르침을 줍니다. "남을 믿지 못하면 남도 나를 믿지 못한다." 만일 내가 누군가를 믿지 못한다면, 그 누군가도 당연히 나를 믿지 못한다는 뜻입니

다. 만일 내가 아무도 믿지 못한다면, 나를 믿어 줄 사람이 아무도 없다는 뜻입니다. 이는 결국, 내가 믿음이란 것을 상대방에게 줄 수 있는지의 여부에 달린 문제입니다. '과연 누구를 믿어야 하는가?'라는 이 물음에 대한 정답을, 조금은 알 수 있을 것 같습니다. 내가 믿음을 줄 수 있는 바로 그 사람을 믿어야 한다는 것입니다. 하지만, 이 정답에는 조건이 따릅니다. 내가 믿음을 주는 그 사람이 나를 배신할 수도 있다는 위험성을 언제든 안고 가야 한다는 점입니다. 물론 믿음이란 만남을 통하여 자연스럽게 서서히 깊어지는 것이기에, 만남을 부단하게 유지하다 보면 서로를 배신하지 않을 만큼의 굳건한 믿음이 자리할 수도 있습니다.

　　예수님께서는 공생활 시절에 이 '믿음'이란 것에 관하여 귀가 아플 정도로 자주 말씀하셨습니다. 당신과의 관계에 있어서 믿음이란 것이 얼마나 중요한 것인가를 반복하여 그리고 강조하여 알려 주십니다. 왜냐하면, 당신을 향한 믿음은 구원의 필수 조건이기 때문입니다. "용기를 내어라. 네 믿음이 너를 구원하였다." [마태 9.22] 우리가 예수님을 두고서 그분께 얼마큼의 믿음을 줄 수 있는지는, 내가 구원받을 가능성과 비례한다고 볼 수 있습니다. 예수님께서는 결코 나를 배신하시지 않을 거라는 표징을, 십자가상 죽음을 통하여 이미 증명하셨기 때문입니다. 오늘도 변함없이 예수님을 향한 내 믿음의 깊이

를 더하고, 오로지 그분만을 신뢰할 수 있는 용기를 과감하게 드러내
는 여러분이 되길 바랍니다.

133

"신앙은 기분이 아무리 변덕스럽게 변한다고 해도 한 때 내 이성이 받아들인 것을 저버리지 않고 굳게 간직하는 요령이다."

— C. S. 루이스 C. S. Lewis

신앙이란? 어떤 대상에 대한 '믿음'을 기반으로 하여, 믿는 바를 '행동'으로 실천하는 개념입니다. 이성이란? 어떤 대상에 대한 '사유' 즉 생각을 기반으로 하여, 선과 악을 '식별'하는 개념입니다. 저는 신 앙과 이성의 관계를 '신발'에 비유하고 싶습니다. 똑같은 모양과 크 기를 가진 신이 두 짝이고 이 두 짝을 함께 신고 다닐 때, 신발로서 기능을 발휘할 수 있습니다. 만일 신이 한 짝만 있다면 그 신은 신발 이라고 부를 수 없습니다. 그리고 신을 한 짝만 신고 다닐 바에야, 그 냥 맨발로 다니는 것이 오히려 더 편합니다. 이처럼 신앙과 이성은 함께 작용할 때만이, 각각의 역량을 발휘할 수 있고 서로가 상호보완 적인 관계를 유지할 수 있는 것입니다.

(1) 내게 신앙만 있고 이성이 없다면 어떨까요? 내가 간직하고 있는 믿음이 선을 향하고 있는 것인지 악을 향하고 있는 것인지도 모

르는 상태로 행동으로 이어질 수 있습니다. 이는, 우상 숭배의 누를 범하거나 사기꾼에게 현혹되어 사이비似而非 종교에 빠지는 형태입니다. (2) 내게 이성만 있고 신앙이 없다면 어떨까요? 스스로 생각하면서 선인지 악인지를 식별할 수는 있지만 믿음이 쌓이지 못하기 때문에, 이러한 식별은 목적이 없는 그저 형식적인 처신에 그칩니다. 이는, 신자이지만 냉담하거나 신이 없음을 주장하는 무신론無神論에 빠지는 형태입니다.

우리가 신앙인으로서 그동안 맹목적으로 신앙에만 집중하는 삶을 살아왔다면, 이제는 내가 '이성적인 신앙인'인지를 살펴볼 필요가 있습니다. 코린토 신자들에게 보낸 첫째 서간에서, 바오로 사도는 다음과 같은 충언을 합니다. "나는 영으로 기도하면서 이성으로도 기도하겠습니다. 나는 영으로 찬양하면서 이성으로도 찬양하겠습니다". [1코린 14,15] 우리가 '신앙'을 기반으로 하여 매사에 '이성'적으로 생각하고 식별하는 것은, 하느님의 뜻에 합당한 자세를 갖추는 유일한 방법이 될 것입니다. 우리는 늘 악을 경계하는 가운데 선을 지향하는 이성적인 모습으로 신앙을 살아가야 하는 당사자이기 때문입니다. 그동안 내가 신을 한 짝만 신고 다녔던 것은 아닌지 자세히 성찰해 보길 바랍니다. 신앙이라는 한 짝과 이성이라는 한 짝, 이 두 짝의 신발을 모두 신고서 신앙의 여정을 힘차게 걸어가는 우리 모두가 되기를 희망합니다.

134

"잠자리까지 걱정거리를 짊어지고 간다면 등에 짐을 진 채 잠자겠다는 것과 같다."

— 토마스 C. 할리버튼 Thomas C. Haliburton

'한국 건강 관리 협회'의 통계에 따르면, (성인 기준) 인간의 하루 평균 수면 시간은 7~9시간이 가장 적정하다고 합니다. 대략 8시간 정도입니다. 하루 전체의 시간 중 1/3의 비율을 차지하고 있는 수면은, 나아가 우리의 삶 전체에도 적지 않은 부분을 차지하고 있음을 확인하게 됩니다. 문득 그러한 생각이 듭니다. 잠이 없다면 그만큼 내가 하루를 활용할 수 있는 시간은 8시간이나 늘어날 것이라고 말입니다. 그런데 잠을 자는 시간 자체가, 내가 이 시간을 활용하고 있는 것임을 깨달아야 합니다. 즉 체력을 보충하고 재충전하기 위하여 활용하는 시간이기 때문입니다. 잠을 자는 이 시간을 잘 활용하려면, 자기 전에 철저히 준비해야 합니다.

현대인들은 수면 부족으로 인하여 피곤한 일상을 보내고 있습니다. 스트레스를 풀지 못하고 온갖 근심과 걱정에 사로잡혀 있게 되

면, 수면을 위한 준비가 전혀 되어 있지 않은 상태가 됩니다. 그러니 잠들기 어렵고 뒤척이게 되며 쪽잠을 자게 되어, 자고 일어나도 피곤한 일상이 이어지기 마련입니다. 그러나 신앙인에게는 해결책이 있습니다. 가톨릭 교회는 모든 신앙인에게 '양심 성찰良心 省察·Examen of Conscience'의 시간을 가질 것을 강력하게 권고합니다. 또한 수많은 성인·성녀도 이 양심 성찰의 시간을 통하여, 완덕完德의 길을 걸어갔고 성인품에 올랐음을 기억합니다. 양심 성찰의 시간은 '잠자기 직전에' 마련하는 것이 매우 유익합니다. 하루를 되돌아보고 정리한다는 의미로, 잠자기 직전에 양심 성찰의 시간을 잠시나마 갖는 것이 (내적으로) 영성靈性에도 그리고 (외적으로) 건강에도 엄청난 도움이 되기 때문입니다.

양심 성찰에 따른 다음과 같은 사항을 실천해 보길 바랍니다. 이는 저의 개인적인 실천 방법으로, 여러분 각자의 취향에 따라 얼마든지 변경이 가능합니다. 총 6단계로 소요 시간은 10분이면 충분합니다. (1) 십자고상과 초를 준비한다. (2) 심호흡을 여러 번 시도하면서 마음을 차분하게 가라앉힌다. (3) 성령의 도우심을 청한다. "성령님, 이 자리에 오시어, 오늘 하루를 바라볼 수 있도록 제 눈을 뜨게 하소서." (4) '아침에 일어나서부터 밤에 잠들기 직전까지'의 하루를 바라보며, 선행과 악행을 떠올려 본다. (5) 선행에는 하느님께 영광을 드

리고, 악행에는 하느님께 용서를 구한다. 이 단계는, 하느님과 대화하는 형식으로 진행하면 좋다. (6) 내일도 새로운 하루를 하느님께서 허락해 주시기를 소망하며, 주모경主母經으로 마무리한다. 우리가 양심 성찰의 시간을 갖는다면 마음이 어느 정도 안정되어 있는 상태이기 때문에, 잠을 청하기가 훨씬 수월해지고 다음 날 일어났을 때에도 평소보다 개운한 느낌을 받을 수가 있습니다. 잠들기 전 수면을 위한 준비가 되었기 때문입니다. 이렇듯 만반의 준비를 갖추고서 잠든 신앙인에게, 하느님께서는 그가 자는 동안 친히 축복해 주실 것입니다. **"경건하게 잠든 이들에게는 훌륭한 상이 마련되어 있다."** [2마카 12,45]

135

"집은 하루아침에 지어지지 않았다."

— 제인 에이스 Jane Ace

'집'이란? 사람이 살기 위하여 지은 건물을 뜻합니다. 내가 (육肉으로 살고 있는 집)이 이미 공사가 끝이 나서 다 지어진 건물이라면, 내가 (영靈으로 살아야 할 집)은 아직 공사 중이어서 계속해서 짓고 있는 건물입니다. 우리가 신앙인이라면, 내가 육으로 살고 있는 '육적인 집'보다는 내가 영으로 살아야 할 '영적인 집'에 더욱 집중해야 합니다. 영적인 집은 우리가 아직도 짓고 있기 때문에 그렇습니다. 무엇보다 우리가 집을 지을 때 가장 중요한 재료 하나가 있으니, 그것은 바로 '돌'입니다.

건축에서는 '정초식定礎式'이라는 특별한 의식이 있습니다. 이는, 기초 공사를 마쳤을 때 기초의 모퉁이에 머릿돌을 설치하여 공사 착수를 기념하는 의식을 말합니다. 시편에는 다음과 같은 구절이 나옵니다. "집 짓는 이들이 내 버린 돌 그 돌이 모퉁이의 머릿돌이 되었

네." [시편 118,22] 이와 같은 구절은, 우리가 살아야 할 그래서 지어야 할 영적인 집에 대한 정초식과 매우 흡사해 보입니다. 우리는 세례를 받으면서 기초 공사를 마쳤고 기초의 모퉁이에 머릿돌을 설치하여 공사 착수를 이미 기념했던 것입니다. 베드로 사도는 '돌'에 관하여 보다 더 구체적인 가르침을 줍니다. "주님은 살아 있는 돌이십니다. 사람들에게는 버림을 받았지만 하느님께는 선택된 값진 돌이십니다. 여러분도 살아 있는 돌로서 영적 집을 짓는 데에 쓰이도록 하십시오." [1베드 2,4-5] 이와 같은 가르침은, 시편에서의 머릿돌이 바로 주님이시며 우리 역시도 영적인 집을 짓는 데에 쓰이는 돌이 되어야 한다는 것입니다.

돌은 내구성이 좋고 성질이 단단하며 수명이 오래갑니다. 우리가 신앙인이라면, 내가 지닌 믿음이 돌처럼 변질되지 않고 돌처럼 굳건해지며 돌처럼 오래도록 지속되어야 한다는 것입니다. 이러한 나의 믿음이 돌이 되어 주님이신 머릿돌을 중심으로 쌓이고 쌓인다면, 훗날 우리가 살아갈 영적인 집은 '신앙 문화유산'에 등재될 정도로 경이롭고 또 아름다운 건축물이 될 것입니다. 여러분의 영적인 집은 지금 얼마큼 공사가 진행되고 있습니까?

$\overline{\qquad}\mathcal{136}$

"모든 것이 숨을 죽이지만 봄만은 예외다. 봄은 그 어느 때보다 더 힘차게 치솟아 오른다."

— B. M. 바우어 B. M. Bower

(봄+여름+가을+겨울) 사계절 가운데 봄은 계절의 시작을 알립니다. 그런데 우리가 간과해서는 안 될 자연의 질서가 있습니다. 그 질서란, '사계절이 순환한다.'라는 점입니다. 그래서 봄을 봄으로만 바라보아서는 안 됩니다. 이는, 봄이 있기 이전에 분명히 겨울이었다는 사실을 함께 생각하며 바라보아야 한다는 뜻입니다.

우리가 지금 따뜻하고 평온한 봄 날씨를 누리고 있다면, 바로 이전에 춥고 매서운 겨울 날씨를 먼저 겪었다는 것입니다. 여기서 문장의 순서를 바꾸어 보면 이렇습니다. 우리가 지금 춥고 매서운 겨울 날씨를 겪고 있다면, 바로 이어서 따뜻하고 평온한 봄 날씨가 반드시 찾아와서 이를 누리게 된다는 것입니다. 사계절은 순환하기 때문입니다.

　　예수님께서 말씀하시는 희망이란 곧 이러한 것이 아니겠습니까? 겨울이 우리가 겪고 있는 '고통과 시련'이라면 이 또한 지나가고, 다시 봄이 즉 '평화'가 반드시 찾아온다는 것을…. 여기서 우리가 명심해야 할 사항이 있습니다. 봄이 찾아올 거라는 희망의 끈을 스스로 놓아 버리면, 우리의 신앙은 늘 겨울에 머물러 있게 될지도 모른다는 사실입니다. 이 희망의 끈은, 내가 겨울을 겪고는 있지만 마치 봄을 살아가듯이 겨울나기를 잘할 수 있는 원동력이 될 것입니다. 저는 기도합니다. 희망의 끈을 놓아 버리는 "그 일이 겨울에 일어나지 않도록…" [마르 13,18]

137

"수백만 명이 비 오는 일요일 오후에 제 몸 하나 어떻게 해야 할지 모르면서 영생을 바란다."

— 수잔 에르츠 Susan Ertz

비 오는 휴일 오후에 무엇을 해야 할지 모르는 일반인들과는 달리, 신앙인들에게는 할 수 있는 중요한 것이 있습니다. 그것은 바로 '기도'이며, 그중에서도 (내가 처한 상황에서 바칠 수 있는 맞춤 기도인) '화살 기도'입니다. 비 오는 날에 맞추어 적절하게 바칠 수 있는 화살 기도를 소개하고자 합니다. "하느님, 하늘에서 내리는 빗방울 수만큼 당신을 찬미합니다~" 이 얼마나 훌륭한 기도입니까! 만일 비가 오는데 그치지 않는다면 (자동적으로) 하느님을 향한 찬미가 이어지는 것이요, 비가 많이 오면 올수록 (자동적으로) 하느님을 향한 찬미가 많아지는 것이니, 이는 자연과 인간이 함께 바치는 화살 기도인 것입니다.

대부분의 신앙인은 정해진 시간에 정해진 기도를 바치고 있을 것입니다. 하지만, 바오로 사도는 다음과 같이 당부합니다. "끊임없

이 기도하십시오." [1테살 5,17] 이는, '신앙인으로서 기도 시간을 제외한 시간에는 어떻게 기도할 것인가'에 관한 물음과도 같습니다. 우리가 기도를 중단하지 않고 계속해서 이어 나갈 방법은 무엇이겠습니까? 정해진 시간에 정해진 기도를 바치고 있는 것처럼, 정해지지 않은 시간에 정해지지 않은 기도를 바친다면… 이러한 방법이 기도의 생활화를 이루어 가는 모습입니다. 여기서, 정해지지 않은 기도란 정형화된 기도가 아닌 내 마음대로 자유롭게 창작하여 바칠 수 있는 화살 기도를 뜻합니다.

하느님께서는 기도 시간을 통하여 우리와 영적인 대화를 나누기를 원하십니다. 그것도 끊임없이…. 일상에서 화살 기도를 바치는 습관을 통하여, 우리 모두가 하느님과의 대화를 중단하지 않도록 부단하게 노력해야 하겠습니다.

——— *138*

"두 사람 사이의 침묵이 편하게 느껴질 때 진정한 우정이 시작된다."

— 데이브 타이슨 젠트리 Dave Tyson Gentry

인간人間관계에서의 '침묵'은, 서로에 대한 거리가 얼마큼 먼지 혹은 얼마큼 가까운지 가늠할 수 있는 척도가 됩니다. (A) 내가 누군가를 둘이 만날 때 (침묵이 이어지는 분위기가 어색하여) 무슨 말이라도 하려고 계속해서 시도한다면, 분명 나는 그 사람과 먼 거리에 있는 것입니다. 반대로, (B) 내가 누군가를 둘이 만날 때 (침묵이 이어진다 하여도 아무렇지가 않아서) 하고 싶은 말만 할 수 있다면, 분명 나는 그 사람과 가까운 거리에 있는 것입니다.

신인神人 관계에서의 '침묵'도 인간관계에서의 '침묵'과 비례한다고 볼 수 있습니다. 기도의 시간은, 인간이 신을 앞에 두고서 둘이 마주하고 있는 순간입니다. 그리고 기도의 장소는, 인간이 신을 앞에 두고서 둘이 마주하고 있는 바로 그 현장입니다. 독일의 신비주의

사상가 마이스터 에크하르트Meister Eckhart의 명언 중에 제가 참으로 좋아하는 구절이 있습니다. "이 세상에서 침묵만큼 하느님의 모습을 닮은 것이 없다."

만일 우리가 기도하는 시간과 장소를 정하여 하느님께 집중하고 있는데… (침묵이 이어지는 분위기가 어색하다면) 분명 나는 하느님과 먼 거리에 있는 것이요, (침묵이 이어진다 하여도 아무렇지가 않다면) 분명 나는 하느님과 가까운 거리에 있는 것입니다. 기도란, 인간이 침묵 가운데 하느님을 대하는 거룩한 신심信心 행위입니다. 우리 모두는 침묵에 익숙한 신앙인이 되어, 하느님의 현존을 느끼고 그분의 음성을 들으며 그분의 마음을 헤아리는 자세와 태도를 갖추어야 하겠습니다.

139

"지성적인 바보는 무엇이든지 더 크게, 더 복잡하게, 더 대단하게 만들 수 있다. 그러나 그 반대로 만들려면 천재의 손길, 그리고 많은 용기가 필요하다."

— E. F. 슈마허 E. F. Schumacher

'바보와 천재'가 함께 있다고 가정해 봅시다. 과연 여러분은 둘 중 누구에게 거는 기대감이 더 크겠습니까? 바보입니까? 천재입니까? 아마도 바보보다는 천재일 것입니다. 바보는 모자라기에 볼품이 없지만, 천재는 완벽하기에 볼품이 있어서 그렇습니다. 이러한 이유로… 바보는 비난받기 어렵지만, 천재는 비난받기 쉽습니다. 왜냐하면, 바보는 (원래 못한다고 생각하기에) 많이 못해도 '그러려니…' 넘어가겠지만, 천재는 (원래 잘한다고 생각하기에) 조금만 못해도 '왜 저러나…' 손가락질을 받을 것이기 때문입니다.

이를 반대로 한번 생각해 볼까요? 바보는 (원래 못한다고 생각하기에) 조금만 잘해도 대단해 보이지만, 천재는 (원래 잘한다고 생각하기에) 많이 잘해도 대단해 보이지는 않습니다.

　문득, 선종한 김수환 스테파노 추기경님이 당신 자신을 가리켜 '바보'라고 일컬은 이유를 이제야 이해할 수 있을 것 같습니다. 늘 부족하고 나약한 우리는, 하느님 앞에서 '천재'보다는 '바보'와 같은 모습일 것입니다. 여기서 우리가 명심해야 할 사항이 있습니다. 내가 매사에 원래 못하는 바보의 모습이라면, 우리에게는 이러한 모습이 절대로 불행하지 않다는 점입니다. 하느님께서는 내가 많이 못해도 나를 비난하시기보다는 오히려 격려하시며 응원해 주실 것이요, 하느님께서는 내가 조금만 잘해도 나를 대견하게 여기시며 칭찬해 주실 것이기에…. 바보인 우리는 참으로 행복한 사람들입니다.

140

"기회는 흔히 고생으로 가장하고 있기 때문에 사람들은 대부분 알아보지 못한다."

— 앤 랜더스 Ann Landers

앤 랜더스의 이 명언은, '고생'과 '기회'가 같은 뜻을 지닌 단어임을 알려 주고 있습니다. 여러분, "나는 왜 이렇게 고생이 많을까?"라고 한탄해 본 경험이 한 번쯤은 있을 겁니다. 여기서, '고생'이라는 단어를 '기회'라는 단어로 바꾸어 볼까요? 그럼 다음과 같은 표현이 될 겁니다. "나는 왜 이렇게 기회가 많을까?" 고생이 기회라면, 기회가 많은 건 나에게 참으로 다행스러운 일입니다. 만일 기회가 없다면 나는 아무런 시도조차 하지 못할 것이기 때문입니다.

우리에게 익숙한 속담이 있습니다. "고생 끝에 낙이 있다." 이 속담도 마찬가지입니다. 여기서, '고생'이라는 단어를 '기회'라는 단어로 바꾸어 볼까요? 그럼 다음과 같은 표현이 될 겁니다. "기회 끝에 낙이 있다." 고생이 기회라면, 기회가 있는 건 나에게 참으로 감사한 일입니다. 즐거움도 일단은 기회가 있고 나서야 비로소 누릴 수 있는

선물이기 때문입니다.

　　구약에서 예루살렘의 임금이었던 코헬렛은 이러한 고백을 한 적이 있습니다. **"나는 인간의 아들들이 고생하도록 하느님께서 마련하신 일을 보았다. (…) 그러나 하느님께서 시작에서 종말까지 하시는 일을 인간은 깨닫지 못한다."** [코헬 3,10-11] 하느님께서 인간을 위하여 '고생을 마련하셨다'는 말인즉슨, '기회를 마련하셨다'는 뜻이 됩니다. 하느님께서는 인간을 위하여 오늘도 내일도 앞으로도 당신의 계획을 펼쳐 나가시며, 우리에게 동전 하나씩을 건네주실 것입니다. '고생'과 '기회'는 동전의 양면과도 같습니다. 그렇다면, 여러분은 과연 동전의 어느 쪽을 바라보겠습니까? '고생'입니까? '기회'입니까?

141

"일상의 영성을 경험하려면 우리 자신이 인간이라는 몸속에서 얼마
간 시간을 보내는 영적인 존재라는 것을 명심해야 한다."
— 바버라 드 앤젤리스 Barbara De Angelis

인간의 '육체肉體'가 거하는 곳은 집입니다. 그런데, 육체는 그 자
체로 또 하나의 집이기도 합니다. 인간의 '영혼靈魂'이 육체 안에 거하
고 있기 때문입니다. 다시 말하면, 영혼이 거하는 집은 육체입니다.
집의 용도는 육체가 생활하기 위한 것임을 감안할 때, 마찬가지로 육
체의 용도는 영혼이 생활하기 위한 것임을 깨닫게 됩니다. 결국, 집
보다 중요한 것이 육체요, 육체보다 중요한 것이 영혼임을 되새겨 봅
니다.

그런데 육체라는 이 집은, 튼튼하고 견고하게 지어졌더라도 시
간이 지나고 나면 낡고 허물어지게 되어 있습니다. 영혼은 육체라는
집에 머물면서 한동안 생활하다가 이 집이 낡고 허물어지면, 이 집을
떠나 새로운 집으로 이사를 가야 하는 상황인 것입니다. 훗날 천국
에서는 내게 주어질 상급이 있습니다. 여기서 상급이란, 나의 명의로

지어지고 있는 내 영혼이 영원히 살아갈 새로운 집을 가리킵니다.

　정리하자면 이렇습니다. 현재에 내(=영혼)가 살고 있는 집(=육체)이 낡고 허물어질(=죽음) 터이니, 미래에 새로운 집(=상급)으로 이사(=부활)를 가야 하는 여정이 바로 '신앙생활'인 것입니다. 내 삶의 주체는 '영혼'이요, 나 자신이 언제 어디서나 '영적인 존재'로서 살아가고 있다는 사실을 결코 잊어서는 안 되겠습니다. "물질적인 몸으로 묻히지만 영적인 몸으로 되살아납니다." [1코린 15,44]

——— 142

"우리가 논리적일 때 미래는 사실 암담해 보인다. 그러나 우리는 논리적인 것 이상이다. 우리는 인간이며, 신념이 있으며, 희망이 있다."

— 자크 쿠스토 Jacques Cousteau

신앙과 관련된 대표적인 논리가 있으니, 그것은 바로 '흑백 논리 黑白 論理'입니다. 신앙의 흑백 논리는, '선과 악'이 서로 대치하는 양강 구도로 이루어져 있습니다. 흑백 논리라는 말 자체가, 양극단으로만 구분할 뿐 중립적인 것을 인정하지 않으려는 편중된 사고방식을 일컫습니다.

인간이라면 누구나가 선할 때도 있고 악할 때도 있습니다. 이렇듯 선하기도 하고 악하기도 한 중립적인 성향을 인정하지 않고, 이러한 성향을 오로지 선하게만 바꾸어 주는 도구가 바로, '신앙'입니다. 우리 역시도 신앙인이기 이전에 인간이지만, 우리가 신앙이라는 도구를 통하여 지혜롭게 살아간다면 나는 얼마든지 보다 더 선하게 진화하는 인간이 될 수 있습니다.

오직 선하신 예수 그리스도만을 바라보고 그분의 모습을 닮고
자 하는 그리스도인의 소명은, 신앙이라는 도구를 통해서만이 성사
됩니다. 악한 여지를 아예 두지 않는 언제나 선한 모습으로 신앙을
살아가는 참된 그리스도인이 될 수 있도록 모두 함께 노력합시다!

143

"독서와 대화로 인간과 세상에 대한 많은 아이디어를 얻을 수 있지만, 판단은 자신의 명상을 통하여 이루어져야 한다."

— 아이작 와츠 Isaac Watts

그리스도교에서 '명상冥想·Meditation'이라는 단어는 '묵상默想·Meditation'이라는 단어로 사용되고 있습니다. '명상과 묵상'은 '고요한 가운데 마음속으로 생각한다'라는 측면에서는 같습니다. 하지만 '고요한 가운데 (성경 말씀을 두고서) 마음속으로 생각한다'면 이는 바로, '묵상'이 됩니다.

아이작 와츠는 주장합니다. "'독서와 대화'로 인간과 세상에 대한 많은 아이디어Idea를 얻을 수 있지만, 판단은 자신의 '명상'을 통하여 이루어져야 한다." 이를 그리스도교적으로 해석하면, 다음과 같은 내용으로 바뀝니다. "'성경 말씀'으로 인간과 세상에 대한 많은 아이디어를 얻을 수 있지만, 판단은 자신의 '묵상'을 통하여 이루어져야 한다."

성경 말씀은 곧 하느님의 뜻이 무엇인지를 우리에게 알려 주고 있습니다. 그런데 우리가 이러한 하느님의 뜻을 알아 듣기만 하는 데에 그치는 것은 아닌지 반성해 봅니다. 하느님의 뜻이란? 인류의 삶에 많은 아이디어를 제공하기도 하겠지만, 무엇보다도 인간의 지혜로운 판단을 요구하는 것이기 때문입니다. 그리고 이 판단은 인간 스스로가 자신의 삶을 살아가는 처신으로 이어지게 될 것입니다. 여러분은 하루 중 묵상을 하기 위해서 얼마큼의 시간을 할애하고 있습니까?

144

"욕망이라는 처절한 슬픔을 절대 놓치지 마라."

— 패티 스미스 Patti Smith

여러분, '욕망'과 '희망'의 차이를 아는지요? (A) 욕망欲望이란? 인간이 무언가에 부족함을 느낄 때 그것을 채우려고 하는 마음을 뜻합니다. (B) 희망希望이란? 욕망의 뜻과 비슷하지만, 여기에는 가능성이 포함되어 있습니다. 우리는 "욕망이 보인다."라고 말하지 않지만, "희망이 보인다."라고는 말합니다. 이는 가능성 여부를 가리킵니다. (가능성 여부가 없기에) 욕망은 줄곧 탐하는 마음으로 이어지곤 하지만, (가능성 여부가 있기에) 희망은 줄곧 마음에만 머물지 않고 행동으로 이어집니다.

집회서에서는, '욕망을 따르지 말고, 멀리하라!'[집회 18,30; 23,5 참조]라는 가르침을 줍니다. 반면에 히브리서에서는, '희망을 굳게 붙잡고, 굳게 간직하라!'[히브 6,18; 10,23 참조]라는 가르침을 줍니다. 이렇듯 신앙인에게는 중대한 과제가 요구됩니다. 언제나 내 마음의 상태

를 잘 살펴야 한다는 점입니다. 지금 내가 추구하는 것이 욕망인지 혹은 희망인지….

평소 우리가 신앙인으로서 무언가 부족함을 느낀다면, 이는 주님의 은혜에 대한 내적인 결핍일 수밖에 없습니다. (A) 신앙인으로서 주님의 은혜를 갈구하지만 스스로는 아무것도 하지 않는다면, 그 마음은 욕망에 지나지 않습니다. 그리고 그 욕망은 줄곧 다른 세속적인 것들을 탐하는 마음으로 이어지기에 십상입니다. (B) 신앙인으로서 주님의 은혜를 갈구하여 그분을 찾고 그분의 곁으로 나아간다면, 그 마음은 희망이기 때문에 충만한 은혜를 누릴 때까지 용감하게 견디어 낼 수 있습니다. 우리가 주님의 은혜를 누릴 자격이 있는 신앙인이라면, 마카베오기 하권에서 제시하는 다음과 같은 조언을 잊어서는 안 되겠습니다. **"주님께 희망을 두고 있었기 때문에 용감하게 견디어 냈다."** [2마카 7,20]

명언 속
숨은 복음 찾기

교회 인가   2024년 07월 22일 서울대교구
초판 발행   2024년 11월 26일 초판 1쇄

지은이   배기환 프란치스코 신부
펴낸곳   피앤피북
펴낸이   최영민
인쇄제작   미래피앤피

주소   경기도 파주시 신촌로 16
전화   031-8071-0088
팩스   031-942-8688
전자우편   hermonh@naver.com
등록일자   2015년 03월 27일
등록번호   제406-2015-31호

ISBN   979-11-94085-15-7 (03230)